अंकुर वारिकू प्रख्यात उद्यमी और कंटेंट क्रिएटर हैं। सफलता और असफलता, धन तथा निवेश, स्व-जागरूकता तथा निजी संबंधों पर उनके गंभीर, विलक्षण और ईमानदारी से भरे विचारों ने उन्हें भारत के शीर्ष पर्सनल ब्रांड्स में से एक बना दिया है।

वे आज के दौर के एक जाने-माने शिक्षक और मार्गदर्शक भी हैं। उन्होंने nearbuy.com की स्थापना की और 2015 में इसकी शुरुआत से लेकर 2019 तक इसके सीईओ रहे। इससे पहले अंकुर ग्रुपऑन के भारतीय व्यवसाय के संस्थापक सीईओ थे। आजकल वे कंटेंट बनाने, ऑनलाइन ट्रेनिंग देने और नए संस्थापकों को मार्गदर्शन देने में व्यस्त रहते हैं।

अपनी पहली पुस्तक में अंकुर वे महत्वपूर्ण विचार बताते हैं, जिन्होंने उनकी यात्रा को आगे बढ़ाया है। वे बताते हैं कि किस तरह वे स्पेस इंजीनियर बनना चाहते थे, लेकिन फिर ऐसी सामग्री तैयार करने लगे, जिसे लाखों लोगों ने देखा और पढ़ा है। उनके विचार बहुत प्रभावशाली हैं, जो दीर्घकालीन सफलता के लिए आदतें डालने का महत्व, धन प्रबंधन की बुनियाद का महत्व, असफलता को स्वीकार तथा अंगीकार करने का महत्व और परानुभूति सीखने के बारे में सच्चाई बताते हैं।

इस पुस्तक को बार-बार पढ़ना चाहिए, क्योंकि इसकी विषय वस्तु आपको बार-बार सोचने के लिए प्रेरित करेगी। यह ऐसी किताब है, जिसे आप अपने परिवार वालों, मित्रों और अन्य लोगों को पढ़ने के लिए देना चाहेंगे। लेखक की अभिलाषा है कि यह सबसे ज़्यादा भेंट की जाने वाली पुस्तक बन जाए!

बड़ा सोचें, बड़ा करें

अंकुर वारिकू

DO EPIC SHIT

का हिन्दी अनुवाद

अनुवाद : सुधीर दीक्षित

MANJUL
मंजुल पब्लिशिंग हाउस

MANJUL

मंजुल पब्लिशिंग हाउस

कॉरपोरेट एवं संपादकीय कार्यालय

• द्वितीय तल, उषा प्रीत कॉम्प्लेक्स, 42 मालवीय नगर, भोपाल-462 003

विक्रय एवं विपणन कार्यालय

• सी-16, सेक्टर 3, नोएडा, उत्तर प्रदेश, 201301

वेबसाइट : www.manjulindia.com

वितरण केन्द्र

अहमदाबाद, बेंगलुरू, कोच्चि, कोलकाता, चेन्नई,

हैदराबाद, मुम्बई, नई दिल्ली, पुणे

अंग्रेजी संस्करण सर्वप्रथम जगरनॉट बुक्स द्वारा प्रकाशित

Do Epic Shit by Ankur Warikoo – Hindi edition

यह हिन्दी संस्करण 2022 में पहली बार प्रकाशित

5वीं आवृत्ति 2026

ISBN 978-93-5543-146-2

अनुवाद : सुधीर दीक्षित

मुद्रण व जिल्दसाज़ी : रेप्रो इंडिया लिमिटेड

उन सारी असफलताओं और अवरोधों को, जो जीवन में मेरे सामने आए। हम शायद ही कभी उन्हें अपने जीवन में चाहते हैं, लेकिन मनन करने पर मुझे अहसास होता है कि उन्हीं की बदौलत मैं आज यहाँ हूँ।

अनुक्रम

परिचय

हो सकता है कि यह पुस्तक आपकी ख़रीदी हुई सबसे अनुपयोगी पुस्तक हो। क्योंकि इस पुस्तक में ऐसा कुछ नहीं है, जो आप पहले से नहीं जानते।

यह पुस्तक कोई रहस्य उजागर नहीं करेगी। इसका उद्देश्य तो आपको याद दिलाना है। इस बात की याद कि हम सभी का जीवन कैसे चलता है - एक जैसा, लेकिन असमान तरीक़े से।

यह पुस्तक कोई नई बात नहीं बताएगी। इसका उद्देश्य तो आपके विचारों को शब्दों में ढालना है। ऐसे विचार, जो हम सभी बार-बार महसूस करते हैं, लेकिन उन्हें समझने के लिए प्रायः ठहरते नहीं हैं।

यह पुस्तक आपका जीवन बदलने के उद्देश्य से नहीं लिखी गई है। इसका उद्देश्य तो आपको ज़्यादा जागरूक बनाना है, ताकि आप अज्ञान नहीं, बल्कि जागरूकता की अवस्था में रहकर जीवन में अपने विकल्प चुन सकें।

यह पुस्तक मेरे चुनिंदा विचारों का संकलन है, जो मैंने पिछले बारह महीनों में सोशल मीडिया पर बताए हैं।

इनमें से ज़्यादातर मेरे खुद के चिंतन-मनन, अवलोकन और अनुभवों के परिणाम हैं।

स्कूल में हम बुक-क्रिकेट नाम का खेल खेलते थे। इसमें हम पुस्तक को किसी भी पेज पर खोलते थे और

उस पेज की संख्या यह तय करती थी कि हमने उस 'गेंद' पर कितना स्कोर किया। मैं कल्पना करता हूँ कि यह पुस्तक भी ऐसी ही बुक-क्रिकेट होगी, बस इसमें हम रन स्कोर नहीं करेंगे। इसके बजाय यहाँ हम भूली बातें याद करते हैं, अपने विचारों को शब्दों में रखते हैं और ज़्यादा जागरूक बनते हैं।

मेरा सुझाव है कि इस पुस्तक के साथ बुक-क्रिकेट खेलें।

यानी हर दिन कहीं से भी एक पेज खोल लें। एक पेज या तीन पेज पढ़ें। उन पर चिंतन-मनन करें। आप चाहें, तो नोट्स भी ले सकते हैं। या इस बात पर बस मुस्कराएँ कि इससे आपको कैसा महसूस हुआ।

और फिर अगले दिन यही दोबारा करें।

अगर किसी दिन आप कुछ पढ़कर कहने लगें, 'आज मुझे यह सुनने की ज़रूरत थी,' तो मुझे इस सदी का बेस्टसेलिंग लेखक मान लें!

ज़बर्दस्त बनें

एकाग्र बनें

बड़ा काम करें!

खंड 1

सफलता
(और असफलता)

काफ़ी हद तक मेरी सफलता का कारण यह है कि मैंने बहुत-सी असफलताएँ झेलीं।

वे ग़लतियाँ, जो मैंने बरसों तक 'लगातार' कीं।

वे असफलताएँ, जिन पर मैंने चिंतन-मनन किया और उन्होंने मुझे एक-एक इंच करके सबसे अप्रत्याशित समय पर सफलता तक पहुँचाया।

ध्यान रहे, सफलता के इस खंड में यह सलाह नहीं दी जा रही है कि सफल कैसे बनें। इसके बजाय यह तो इस बुनियादी बात को तय करने के बारे में है कि दरअसल सफलता का आपके लिए क्या मतलब है, आप उसके प्रति ईमानदार कैसे रहें और फिर असफलताओं पर चिंतन-मनन करते हुए अपनी सफलता तक कैसे पहुँचें!

आपको 24 घंटे में जितना करने की उम्मीद थी, आपने उससे ज़्यादा काम कर दिया! इस भावना से बेहतर कुछ भी नहीं है!

आज सुबह आपने पाँच काम करने की योजना बनाई थी। दिन भर में आपने सात काम कर लिए।

ज़्यादा उत्पादकता के साथ।

ज़्यादा ऊर्जा के साथ।

जब आप अपने स्व से आगे निकल गए, वह ख़ुशी, वह भाव - यही सच्ची उपलब्धि है।

उम्मीद किए बिना सीमाओं को तोड़ना यह देखने का शक्तिशाली तरीक़ा है कि आप कितना ज़्यादा करने में सक्षम हैं।

जब आप सुबह उठते हैं,
तो दूसरों की सफलता
आपके मन में भारी
आत्म–शंका उत्पन्न करेगी।
फिर भी उठ जाएँ।

...

आज से एक साल बाद आप सोचेंगे कि काश आपने आज शुरू कर दिया होता!

आज ही शुरू कर दें।

समय चला जाता है और हमारे पास इन दो चीज़ों में से कोई एक चीज़ छोड़ जाता है : अफ़सोस या परिणाम।

आज से एक साल बाद आप चाहेंगे कि आप भावनात्मक रूप से निचोड़ने वाले लोगों से दूर रहते, तो कितना अच्छा होता।

आज से एक साल बाद आप चाहेंगे कि काश! आपने दूसरों से ज़्यादा बार 'नहीं' बोला होता।

आज से एक साल बाद आप चाहेंगे कि काश! आपने खुद से ज़्यादा बार 'हाँ' बोला होता।

आप आज से एक साल बाद के परिणामों के बारे में पक्का नहीं कह सकते।

लेकिन निश्चित रूप से आप अफ़सोस के बारे में पक्का कह सकते हैं, अगर आज शुरू नहीं करते हैं।

वह सबसे बड़ी एक चीज़ कौन सी है, जो आप कर सकते हैं और जो आपकी पेशेवर सफलता में मदद करेगी?

जब आप किसी चीज़ को करने के प्रति समर्पित हो जाते हैं, तो लोगों को आपको याद दिलाने की ज़रूरत नहीं रह जाती है।

सोलह आने सही बात!

...

हम अपनी समस्याओं के बारे में जिस तरह सोचते हैं, संसार भी उनके बारे में उसी तरह सोचेगा।

अगर हम अपनी समस्याओं को बढ़ा-चढ़ाकर बताते हैं, तो संसार भी यही करेगा।

अगर हम अपनी समस्याओं के बावजूद ख़ुश रहते हैं, तो संसार ज़्यादा ख़ुश होने में हमारी मदद करेगा।

हालाँकि हम (लगभग हमेशा) अपनी समस्याओं को नहीं चुनते हैं, लेकिन हम उन पर कैसे प्रतिक्रिया करें, इसे हम हमेशा चुन सकते हैं।

जब हमारा खुद पर नियंत्रण होता है, तो हमारी समस्याएँ कभी हमें नियंत्रित नहीं कर सकतीं।

लोगों को सबसे बड़ी
ग़लतफ़हमी यह है कि
वे ही हैं, जो उलझे
हुए हैं और बाक़ी हर
व्यक्ति सुलझा हुआ है!

आप वही हैं, जो आप करते हैं। वह नहीं हैं, जो आप कहते हैं कि आप करेंगे।

हम अपने विचारों के ज़रिये खुद को जानते हैं।
लेकिन हम दूसरों को उनके कार्यों के ज़रिये जानते हैं।

यही दूसरों के बारे में भी सच है।
वे हमारे विचार नहीं पढ़ सकते। वे तो बस यह देखते हैं कि हम क्या करते हैं।

यह मायने नहीं रखता कि हम क्या कहते हैं।
मायने तो यह रखता है कि वे हमें क्या करते देखते हैं।

वादों का कोई महत्त्व नहीं है, अगर उनके मुताबिक़ काम नहीं किया जाए।

भाग्य उनका साथ देता है, जो कुछ करते हैं।

अगर आप सामग्री बनाना शुरू कर देते हैं, तो इस बात की ज़्यादा संभावना होती है कि आपका पसंदीदा मशहूर व्यक्ति आपकी सामग्री को शेयर करेगा।

अगर आप हर अजनबी से हलो कहते हैं, तो इस बात की संभावना बढ़ जाती है कि आपको अपने सपनों का जीवनसाथी मिल जाएगा। अगर आप हर दिन कोल्ड ईमेल भेजते हैं, तो इस बात की संभावना ज़्यादा रहती है कि आपको अपने सपनों की नौकरी मिल जाएगी!

आपके कार्य ही आपके भाग्य को तय करते हैं। आपकी निष्क्रियता भी यही करती है।

भाग्य दरअसल खुशक़िस्मती नहीं है।

भाग्य तो अंततः आपकी कड़ी मेहनत का परिणाम होता है।

लगन एक दिन का चमत्कार नहीं है।

यह तो एक जागरूक चयन है, जो आदत में बदल चुका है।

नेटफ़्लिक्स सीरीज़ के पहले कुछ एपिसोड बोरिंग हो सकते हैं। लेकिन फिर भी आप सीरीज़ देखते रहते हैं। क्यों? एक दोस्त ने आपसे कहा था कि आप इसे देखते रहें, क्योंकि यह अंततः रोचक हो जाएगी।

कितना अच्छा हो, अगर हम अपने लक्ष्यों और अपनी यात्रा के साथ भी ऐसा ही करें?

शुरुआत में यह प्रक्रिया भी नीरस हो सकती है, लेकिन इसमें जुटे रहें, क्योंकि यह अंततः रोचक बन जाएगी।

शून्य प्रयास का परिणाम शून्य ही होगा।

लगनशील प्रयासों का परिणाम है एक आदत, जब आप सही चीज़ को किए बिना नहीं रह सकते।

हमारे पास सिर्फ़ एक जीवन है।

तो सिर्फ़ एक ही पहचान के साथ क्यों जिएँ?

आप एक उद्यमी क्यों नहीं बन सकते, जो कंटेंट भी तैयार करता है?

आप दिन की नौकरी के साथ-साथ इंस्टाग्राम पर अपनी पेंटिंग्स क्यों नहीं बेच सकते?

आप पेशेवर खिलाड़ी होने के साथ-साथ बिज़नेस स्कूल में क्यों नहीं पढ़ सकते?

हम नयापन चाहते हैं, लेकिन हम जीवन में एक करियर से ही समझौता कर लेते हैं।

हम नयापन चाहते हैं, लेकिन खुद को सिर्फ़ एक भूमिका, एक पदनाम, एक काम और एक पद से परिभाषित करने का चुनाव करते हैं।

हमारे पास सिर्फ़ एक जीवन है।

लेकिन हमें एक ही साँचे में खुद को ढालने की ज़रूरत नहीं है।

निरंतरता + ईमानदार कंटेंट के खेल में अव्वल रहने का जादुई फ़ॉर्मूला है।

कंटेंट यानी सामग्री का खेल जादुई रूप से आपकी मदद करता है, जब :

- आप नियमित अंतराल में सामग्री तैयार करते हैं (हर दिन/सप्ताह में तीन बार/हर सप्ताह)
- आप अपने जैसे रहते हैं। आपको किसी दूसरे जैसा बनने की ज़रूरत महसूस नहीं होती।

इससे आपको प्रक्रिया मज़ेदार लगती है। आपको कड़ी मेहनत भी आसान लगती है। प्रक्रिया आपके लिए प्रयासरहित बन जाती है, जबकि बाक़ी हर व्यक्ति सोचता रहता है कि यह कितना मुश्किल काम होगा!

अगर आप ईमानदार नहीं हैं, तो निरंतरता क़ायम रखना मुश्किल होगा।

कोई भी लंबे समय तक मुखौटा नहीं लगाए रख सकता!

यह सच है... सिर्फ़ कंटेंट के मामले में ही नहीं।

यह जीवन के बारे में भी सच है!

संसार आपको सफलता और असफलता की परिभाषा लगातार बताता रहेगा। इस बात का अहसास ही आत्म-जागरूकता है।

नौकरी मिल गई। सफलता।

पड़ोसी से कम पैकेज वाली नौकरी मिली। असफलता।

25 साल तक शादी हो गई। सफलता।

30 साल की उम्र तक तलाक़ हो गया। असफलता।

सच तो यह है कि सफलता और असफलता के आपके वर्तमान नियम संसार ने लिखे हैं।

आगे बढ़कर उन्हें अपने हिसाब से दोबारा लिखें।

अपने लिए।

अगर आप अपने नियमों के प्रति सच्चे बने रहते हैं, तो इससे कोई फ़र्क़ नहीं पड़ता कि संसार के हिसाब से आप असफल हैं।

अगर आप अपने नियमों के प्रति सच्चे नहीं रहते हैं, तो इससे कोई फ़र्क़ नहीं पड़ता कि आप संसार के हिसाब से सफल हैं।

सफलता आपका खुद के साथ संबंध है।

आप इस वक़्त जीवन में जहाँ हैं, अगर आप उससे ख़ुश नहीं हैं, तो यह पता लगने का इंतज़ार नहीं करें कि आपको क्या करना चाहिए।

आप जीवन में जहाँ हैं, वहाँ से बाहर निकल जाएँ!

अन्वेषण और पड़ताल की यात्रा शुरू कर दें।

मंज़िल को पहचानने का इंतज़ार नहीं करें।

बाहर निकलने का मतलब यह नहीं है कि आपके पास जो है, उसे छोड़ दें। इसका मतलब तो दूसरी चीज़ों की पड़ताल करने की जगह बनाना है।

अगर आप अपनी नौकरी से नफ़रत करते हैं, लेकिन उसमें आपको अच्छा वेतन मिलता है, तो नौकरी करते रहें, लेकिन मानसिक और भावनात्मक रूप से बाहर निकल जाएँ। नए अवसर खोजने का काम शुरू कर दें।

महारथी वह नौसिखिया है, जो हर दिन जुटा रहा।

कोई भी महारथी के रूप में पैदा नहीं होता।

महारथी वह नौसिखिया है, जिसने हर दिन मेहनत की।

महारथी वह नौसिखिया है, जो प्रक्रिया से प्रेम करने लगा।

महारथी वह नौसिखिया है, जिसने घंटों टीवी देखने के बजाय अभ्यास और नींद को चुना।

महारथी वह नौसिखिया है, जिसने तब भी कड़ी मेहनत की, जब उसके पास एक भी श्रोता या दर्शक नहीं था।

महारथी वह नौसिखिया है, जो तब भी जुटा रहा, जब कोई चीज़ कारगर नज़र नहीं आ रही थी।

महारथी वह नौसिखिया है, जिसने नौसिखिये के ठप्पे से इंकार किया। और अपनी कड़ी मेहनत से जवाब दिया।

महारथी वह है, जिसने अनुशासन को चुना।

बहानों को नहीं।

भले ही आपको पता हो कि चीज़ें पहले जैसी नहीं रह पाएँगी, लेकिन क्षमा माँगें।

क्योंकि आपको माँगना चाहिए।

आप जानते हैं कि आपको माफ़ नहीं किया जाएगा।
फिर भी आपको माफ़ी माँगना चाहिए।
क्योंकि यह करना सही चीज़ है।

सामने वाला यही चाहता है।
संबंध में सामने वाले व्यक्ति के प्रति हमारी भूमिका यही है।

हो सकता है कि आपके हिसाब से आप ग़लत नहीं हों। लेकिन अगर दूसरों से ऋण मुक्ति होने के लिए क्षमा माँगने की ज़रूरत हो, तो यह करना सही चीज़ है।

सही चीज़ करने का कभी कोई कारण नहीं होता।
क्योंकि सही चीज़ अपने आप में सबसे बड़ा कारण है।

आपके साथ जैसा बरताव किया जाता है, उससे यह अंदाज़ा नहीं लगाएँ कि आप कितने मूल्यवान हैं।

संसार आपके साथ वैसा ही बरताव करेगा, जैसा यह करना चाहेगा।

आप इसे नियंत्रित नहीं कर सकते।

आप तो सिर्फ़ यह चुन सकते हैं कि आप किसकी बात सुनते हैं।

अगर आप उन लोगों के व्यवहार से अपना महत्त्व तय करते हैं, जो आपके साथ अच्छा बरताव नहीं करते हैं, तो आप ऐसा करने का विकल्प चुन रहे हैं।

कहीं कोई है, जो आपको महत्त्व देता है।

जैसे आप। खुद से शुरू करें।

आप आज जो महसूस कर रहे हैं, वह चला जाएगा।

किसी चीज़ के बारे में आप कल्पना करते हैं कि यह सबसे बुरी चीज़ है?

जब यह होती है, तो यह ऐसा ही लगेगा।

आप हर दिन उठेंगे और सबसे पहले इसी चीज़ के बारे में सोचेंगे।

अंततः एक दिन ऐसा आएगा, जब यह नहीं होगा!

चाहे आप कितने ही ख़ुश या दुखी हों, आने वाले कल में आपको यह याद नहीं रहेगा कि आप कितने ख़ुश या दुखी थे।

हमारी भावनाएँ और भाव क्षणिक होते हैं। हम उन्हें स्थायी मानने की ग़लती कर बैठते हैं।

आप जिसे अपने जीवन की सबसे बुरी चीज़ मानते हैं, वह सबसे बुरी चीज़ नहीं है।

ज़्यादातर खेल मैदान में नहीं खेले जाते।

वे तो दिमाग़ में खेले जाते हैं!

सर्वश्रेष्ठ खिलाड़ियों के पास कोच होते हैं, जो उनके मस्तिष्क को प्रशिक्षित करते हैं।

करोड़ों दर्शकों के दबाव में खेलना।

मीडिया के जुनून के बावजूद प्रदर्शन करना।

निराशा की मनोदशा में भी अपना सर्वश्रेष्ठ प्रदर्शन करना।

खेल सिर्फ़ शारीरिक नहीं होता। क्योंकि शारीरिक रूप से तो कोई भी दृढ़ हो सकता है।

ज़्यादातर खेल मानसिक होता है। जिसे कोई नहीं देखता है। सिवाय आपके।

मानसिक नियंत्रण - यह निर्णय करना कि किस पर ध्यान केंद्रित करना है - ही खेल के मैदान में जीत दिलाता है।

आंतरिक संसार बाहरी संसार को चलाता है। हमेशा।

अहं सीखने की राह में सबसे बड़ा अवरोध है!

आपका अहं अपने से कम उम्र वाले लोगों से कुछ पूछने से रोक देता है।

मुझे हर चीज़ पता होनी चाहिए!
मैं इतना नादान कैसे हो सकता हूँ?
मैं उनसे पूछे बिना यह क्यों नहीं कर सकता?

अहं एक बुलबुला है। इसे फोड़कर सच्चाई जानने के बजाय हम अपनी ज़्यादातर ऊर्जा इसकी रक्षा करने में लगा देते हैं।

आप जो नहीं जानते हैं, वह जानना ही शक्ति है।

आप जो नहीं जानते हैं, उसके बारे में सवाल पूछना और सीखना महाशक्ति है।

जब आप कहते हैं कि आपके पास पाँच साल का अनुभव है, तो क्या यह वाक़ई पाँच साल का अनुभव है या सिर्फ़ एक साल का अनुभव है, जिसे पाँच बार दोहराया गया है?

कोई चीज़ बरसों तक बार-बार करने से आपको कोई अनुभव हासिल नहीं होता है। अलग-अलग चीज़ें करना, आपके आरामदेह दायरे के बाहर की चीज़ें करना, जिज्ञासु बनना, कभी अपनी उपलब्धियों से संतुष्ट होकर नहीं बैठना, अपने ज्ञान का विस्तार करना - यही अनुभव का सार है।

किसी आरामदेह साँचे में ढलकर जीना अनुभव नहीं है। यह तो अनुभव नहीं करने का चुनाव है।

आपको जिस एकमात्र साँचे में ढलना चाहिए, वह यह सीखना है कि अपने आरामदेह दायरे से बाहर कैसे निकलें। बस यही! बाक़ी हर साँचा एक कालकोठरी है, जो आरामदेह लगता है, लेकिन वह आगे चलकर आपके जीवन को ज़्यादा मुश्किल बना देगा।

आरामदेह नहीं बनें।

मेंटर या मार्गदर्शक खोजना एक ऐसी यात्रा है, जो हर एक को करनी चाहिए।

किसी एक व्यक्ति पर अपना मार्गदर्शक बनने का पूरा बोझ नहीं डालें।

अपने जीवन के अलग-अलग पहलुओं के लिए अलग-अलग मार्गदर्शक रखें।

उन मार्गदर्शकों के बारे में नहीं सोचें जो केवल उम्रदराज और अनुभवी हों।

दृष्टिकोण के संदर्भ में आपकी ज़्यादा मदद वे कर सकते हैं, जिन्होंने हाल ही में वह काम किया है या उस काम को कर रहे हैं।

जब आप अपनी विशेषज्ञता के स्तर से बहुत ऊपर के मार्गदर्शक चुनते हैं, तो आप बहुत कुछ चूक सकते हैं। आपकी मनचाही चीज़ें उनके सामने इतनी स्पष्ट होती हैं कि उन्हें यह अहसास ही नहीं होता कि आपको स्पष्टीकरण या विस्तार से बताने की ज़रूरत है!

जब आप समान उम्र और अनुभव वाले मार्गदर्शक चुनते हैं, तो वे आपकी समस्याओं को समझते हैं। वे आपके मुद्दों को रेखांकित करते हैं। और वे सुझाव देते हैं, जो उनके हिसाब से महत्त्वपूर्ण हैं और वे सोचते हैं कि काश! उन्हें किसी ने ये सुझाव दिए होते। दस साल बाद के नहीं, बल्कि आज के सुझाव।

जीवन के अलग-अलग पहलू। अलग-अलग मार्गदर्शक। एक ही समय में। ज़्यादातर मार्गदर्शक ऐसे होने चाहिए, जो कुछ समय पहले ही आपकी परिस्थितियों से गुज़रे हों।

ज़्यादातर लोग मार्गदर्शक उसी तरह चुनते हैं, जैसे वे नज़दीकी मिचेलिन स्टार-रेटेड रेस्तराँ में सैंडविच चुनते हैं। सिर्फ़ इसलिए, क्योंकि यह पिछले दस सालों से सैंडविच बना रहा है।

मार्गदर्शक चुनना दरअसल सबवे सैंडविच चुनने जैसा होता है। हर चीज़ का निर्णय आप खुद लेते हैं।

‘यह मेरा काम नहीं है’

= किसी स्टार्टअप के लिए मृत्यु

= किसी बड़ी कंपनी का अस्तित्व क़ायम रहना

स्टार्टअप में आप बहुत सारी भूमिकाएँ निभा सकते हैं, क्योंकि आपकी कंपनी छोटी होती है।

‘यह मेरा काम नहीं है’ की मानसिकता आपको बाधित करती है। क्योंकि आप ऐसी सीमाएँ ओढ़ लेते हैं, जिनका कोई अस्तित्व ही नहीं है।

बड़ी कंपनियों में हर व्यक्ति अपनी भूमिका में विशेषज्ञता रखता है।

‘यह मेरा काम नहीं है’ की मानसिकता ज़्यादातर मामलों में वहाँ आपकी मदद करती है, क्योंकि यह उस एक ख़ास काम को अच्छी तरह करने में सक्षम बनाती है।

आप अपने जोश की खोज नहीं करते हैं।

आप तो अपने जोश का विकास करते हैं!

जोश कोई ऐसी चीज़ नहीं है, जो आपको पहले ही दिन एम.एफ़. हुसैन या ए.आर. रहमान या सचिन तेंदुलकर बना देगा।

जोश चित्र बनाने, संगीत रचने या क्रिकेट खेलने की छोटी-सी आंतरिक प्रेरणा है। वह प्रेरणा जो तब तक आपका पीछा नहीं छोड़ती, जब तक कि आप इसे हर दिन नहीं करें।

जोश लगन हैं, क्योंकि इसी की वजह से आप छोड़ने के तमाम कारणों के बावजूद काम में जुटे रहते हैं।

जोश काम को हर रोज़ करना है, चाहे आप इसमें कितने ही अच्छे क्यों नहीं हो जाएँ।

जोश कड़ी मेहनत करने की इच्छा है, क्योंकि कोई दूसरा विकल्प ज़्यादा मुश्किल होगा!

यह पागलपन है कि कई लोग दिल के आधार पर निर्णय लेते हैं, जबकि उन्हें एक्सेल शीट के आधार पर निर्णय लेने चाहिए!

यह पागलपन है कि कई लोग एक्सेल शीट के आधार पर निर्णय लेते हैं, जबकि उन्हें दिल के आधार पर निर्णय लेने चाहिए!

धन संबंधी निर्णय सबसे अच्छी तरह एक्सेल शीट पर लिए जाते हैं।

लोगों से संबंधित निर्णय सबसे अच्छी तरह दिल से लिए जाते हैं।

हम सभी प्रश्न पूछने की आंतरिक योग्यता के साथ पैदा होते हैं। अंतहीन प्रश्न।

लेकिन स्कूल और माता-पिता इस योग्यता का गला दबा देते हैं!

बचपन में हमारे साथ कुछ भी ग़लत नहीं था। सिवाय उस परिवेश के, जिसने हमें बताया कि प्रश्न पूछना ग़लत है।

मूर्खतापूर्ण सवाल मत करो।
अपना मुँह बंद रखो।
कितना मूर्खतापूर्ण प्रश्न है!!

ग़लत!

सवाल पूछना अच्छी बात है।
ज़्यादा जानने के लिए सचमुच जिज्ञासा होना अच्छी बात है। भले ही दूसरे लोग इसे 'मूर्खतापूर्ण' मानें, लेकिन प्रश्न पूछना बहुत अच्छी बात है।

हो सकता है कि आपने इस बात से समझौता कर लिया हो, क्योंकि जिज्ञासु होना फ़ैशनेबल नहीं है। लेकिन यह जानने से मदद मिलती है कि जिज्ञासु होना इस संसार में सबसे शानदार चीज़ है, जहाँ लोग मूर्ख कहे जाने से डरते हैं।

अगर आप सफल हो जाते हैं, तो लोग केवल आपकी सफलता को देखते हैं।

अगर आप असफल हो जाते हैं, तो वे केवल आपकी असफलता को देखते हैं।

वे यात्रा को नहीं देखते हैं। सिर्फ़ आप देखते हैं। इस यात्रा में ही आप अपना जीवन जीते हैं!

उस एक 'बड़ी सफलता' के पहले की बहुत सारी असफलताओं को कोई नहीं देखता है।

कोई नहीं देख पाता है कि 'असफल' होने के बावजूद आप अपनी आदतों और कमियों से कैसे उबरे। और वे इसलिए नहीं देख पाते, क्योंकि उनका ध्यान तो अंतिम परिणाम पर यानी आपकी असफलता पर केंद्रित रहता है।

आप सफलता और असफलता की प्रक्रिया के दौरान जो बनते हैं, वही सबसे महत्त्वपूर्ण होता है।

कोई दूसरा इसे नहीं देख पाता है।

केवल आप ही देख सकते हैं।

वैसे इससे कोई फ़र्क़ नहीं पड़ता, क्योंकि यह आपका सच्चा जीवन है। सफलता या असफलता सिर्फ़ परिणाम

हैं। आपने जो किया और आप जो बने, वही सच्चे मायने में आपका जीवन था।

'सफलता और असफलता' सिर्फ़ परिणाम थे। उस मंज़िल पर पहुँचने के लिए आप जो दिल में रखते हैं, वही निर्णायक होता है।

अगर आप अक्सर इस बात की चिंता करते हैं कि लोग आपके बारे में क्या सोचेंगे, तो अंततः आप प्रायः वही करेंगे, जो लोग चाहते हैं कि आप करें।

अगर आप चिंता करते हैं कि लोगों को आपके निर्णय पसंद नहीं आएँगे, तो आप ऐसे निर्णय लेंगे, जिनसे वे ख़ुश हों।

अगर आप लोगों की राय की परवाह नहीं करते हैं, तो आप आख़िरकार वह करेंगे, जो आप करना चाहते हैं।

लोग आपके बारे में क्या सोचते हैं, इस बारे में सोचना किसी कालकोठरी में रहने के समान है, जिसमें सलाख़ें सिर्फ़ सामने की तरफ़ हैं। बग़ल में ख़ाली जगह है, जहाँ से आप निकल सकते हैं, लेकिन फिर भी आप उन सलाख़ों के पीछे क़ैद रहने का विकल्प चुनते हैं।

उन सलाख़ों के बाहर निकलने का सरल फ़ॉर्मूला?
ख़ुद से पूछें : 'मैं क्या चाहता हूँ?'

3 संबंध, जो हमारे जीवन में हमारे साथ होने वाली लगभग हर चीज़ को परिभाषित करते हैं।

- **धन के साथ हमारा संबंध।**
- **समय के साथ हमारा संबंध।**
- **खुद के साथ हमारा संबंध।**

किसी को उम्मीद नहीं होती कि सीए रंगीन रिज़्यूम बनाएगा।

किसी को उम्मीद नहीं होती कि संगीतकार एक्सेल सीट में प्रस्ताव भेजेगा।

किसी को उम्मीद नहीं होती कि इंजीनियर वीडियो रिज़्यूम भेजेगा।

इसीलिए ऐसा करने की सोचें!

परंपरा को तोड़ना ध्यान आकर्षित करने का बेहतरीन तरीक़ा है!

अगर आप ऐसा रिज़्यूम भेजते हैं, जो वैसा नहीं है, 'जैसा आपके रिज़्यूम को होना चाहिए,' बल्कि वैसा है, 'जैसे आप हैं,' तो ज़्यादातर कंपनियाँ दो तरीक़ों से प्रतिक्रिया कर सकती हैं :

- या तो वे इससे नफ़रत करेंगी
- या फिर वे आपको याद रखेंगी

दोनों ही अच्छे संकेत हैं, क्योंकि अब कंपनियाँ इस आधार पर चयन करेंगी कि कौन उनके लायक़ है और कौन सी कंपनियाँ ऐसी हैं, जिनके साथ आपको काम नहीं करना चाहिए।

आप पूछ सकते हैं, 'अगर मुझे अस्वीकार कर दिया गया, तो क्या होगा?' लेकिन यह भी तो हो सकता है कि आपको ऐसी जगह से अस्वीकार कर दिया जाए, जहाँ आपको मौलिक होना चाहिए था, लेकिन आपने सामान्य रिज़्यूम भेजकर बाक़ी लोगों जैसा दिखने की कोशिश की?

अपने असली स्वरूप में रहना ध्यान आकर्षित करने का सबसे शानदार तरीक़ा है। जिससे ज़्यादातर लोगों को डर लगता है। जिस वजह से ज़्यादातर लोग ऐसा नहीं करते हैं।

अपारंपरिक काम करने में अल्पकालीन कष्ट होता है।

दूसरों के साँचे में ढलकर जीने में स्थायी कष्ट होता है।

अपने खुद के मार्ग पर चलने में डर लगता है और हम असहज होते हैं।

कल्पना करें कि इससे भी ज़्यादा डरावना क्या है? उस मार्ग पर चलना, जिस पर हर कोई चलता है, और बाद में यह अहसास करना कि आप कभी उस मार्ग पर नहीं चलना चाहते थे।

परंपरा की जंज़ीरों को तोड़ने और अपना खुद का मनचाहा काम करने के लिए सचमुच बहुत से प्रतिरोध की ज़रूरत होती है। लेकिन यह आपको जीवन भर के ढेर सारे आंतरिक प्रतिरोध से बचा लेता है - क्योंकि इसे चुनने पर आप कई अफ़सोसों से बच जाते हैं और खुशी हासिल कर सकते हैं। अपारंपरिक काम करें और स्पष्ट का प्रतिरोध करें।

अपने असली स्वरूप में रहने पर आपको एक साल तक फटकारा जा सकता है।

या फिर आप किसी दूसरे जैसे बन सकते हैं और दर्पण में खुद से नज़रें नहीं मिला पाएँगे।

जब पहला विकल्प आपको आसानी से भीड़ से अलग कर सकता है, तो बाद वाला विकल्प क्यों चुनें?

जब आप अपनी योग्यताओं का निर्माण कर रहे हों, तो आप जो सबसे महत्त्वपूर्ण चीज़ बना सकते हैं, वह है आपकी प्रतिष्ठा।

आपका लक्ष्य यह होना चाहिए कि लोग यह कहें : 'मुझे नहीं लगता कि वह इस काम को करने का तरीक़ा जानती है। लेकिन मुझे विश्वास है कि अगर उससे यह काम करने को कहा जाए, तो वह निश्चित रूप से इसका तरीक़ा खोज लेगी। मुझे उस पर भरोसा है।'

ग़लतियाँ जो मैंने 20 से 30 साल की उम्र में कीं

ग़लती 1

मैंने अपनी शिक्षा जारी रखी, क्योंकि मैं इसमें अच्छा था। मैंने खुद से कभी पूछा ही नहीं कि क्या मुझे इसमें ख़ुशी मिलती है।

आप किसी चीज़ में अच्छे हैं, इसका मतलब यह नहीं है कि आपको इसमें ख़ुशी मिलती है।

ग़लती 2

मैं उन लोगों को तुच्छ समझता था, जो सिगरेट या शराब पीते थे या हर वीकएंड पर पार्टी करते थे।

मुझे लगता था कि वे पराजित लोग हैं और उन्हीं की वजह से संसार रसातल में जा रहा है।

आप उससे परिभाषित नहीं होते, जो आप करते हैं, बल्कि उससे होते हैं, जो आप उसके नीचे होते हैं।

ग़लती 3

मैं ऐसी पुस्तकें पढ़ता था, जो मुझे शांत रखती थीं। यह समझे बिना कि मैं उन पुस्तकों से क्या सीख सकता था। यह बात मुझे काफ़ी देर बाद समझ में आई।

लोग आपको आपके साथियों की वजह से याद नहीं रखते हैं।

वे तो आपको उस स्वरूप के लिए याद रखते हैं, जो साथियों के कारण आपका बन जाता है।

ग़लती 4

मैं मुश्किल में फँसे हर व्यक्ति की मदद करने को अपनी नैतिक ज़िम्मेदारी समझता था।

और अगर वे इसके बावजूद नाखुश रहते थे, तो मैं खुद को दोष देता था।

आप खुद को और दूसरों को जो सर्वश्रेष्ठ उपहार दे सकते हैं, वह है अपनी खुद की खुशी की परवाह करना।

ग़लती 5

मुझे महसूस होता था कि धन की कमी हमारी सारी पारिवारिक समस्याओं की मूल जड़ थी।

और जब हमारे पास पैसा आ जाएगा, तो हमारे पास कोई समस्या नहीं रहेगी।

हमारी समस्याएँ वे कहानियाँ हैं, जो हम खुद को बताते हैं कि सब कुछ ठीक हो जाएगा, जब हमें वह चीज़ मिल जाएगी, जो हम चाहते हैं।

ग़लती 6

मुझे महसूस होता था कि अमीर बच्चे जीवन में कभी कामयाब नहीं हो पाएँगे, क्योंकि उन्हें हर चीज़ चाँदी की थाली में मिलती है और वे यह जानते ही नहीं हैं कि संघर्ष क्या होता है।

उनका सौभाग्य हमेशा उन्हें नुक़सान पहुँचाएगा।

सौभाग्य या विशेषाधिकार हमें नुक़सान नहीं पहुँचाता है।

अपने सौभाग्य के बारे में हमारी जागरूकता का अभाव है, जो हमें नुक़सान पहुँचाता है।

ग़लती 7

मैंने गंदी चीज़ें खाईं, असमय सोया, बुरी मुद्रा अपनाई और खुद को लगातार बताता रहा कि मेरे पास इन सबको सुधारने का समय है।

बहाना आपके वर्तमान स्वरूप और आपके मनचाहे स्वरूप के बीच की दूरी है।

ग़लती 8

मैंने लोगों को खुश करने की बहुत कोशिश की। मैं चाहता था कि लोग मुझे पसंद करें, मेरे बारे में ऊँचा सोचें और मेरी तारीफ़ करें।

अगर आपकी ख़ुशी बाहरी पुष्टि या मान्यता पर निर्भर करती है, तो आपकी ख़ुशी किसी ऐसी चीज़ पर निर्भर करती है, जो आपके नियंत्रण में नहीं है।

ग़लती 9

मैंने क़र्ज़ लिए।

क्योंकि तब मेरे पास पैसे नहीं थे।

और मैं खुद से कहता रहा, 'लेकिन मेरे पास भविष्य में पैसे होंगे। इसलिए यह ठीक है।'

अगर आपके पास किसी चीज़ का भुगतान करने के लिए इस वक़्त पैसे नहीं हैं, तो इसका मतलब स्पष्ट है : आपके पास पैसे नहीं हैं।

ग़लती 10

मैं नहीं सोचता था कि मनोविज्ञान, व्यावसायिक नीतिशास्त्र या मानव संसाधन जैसे विषयों की ज़रूरत है या वे महत्त्वपूर्ण हैं।

व्यवसाय सिर्फ़ वित्त और मार्केटिंग के बारे में है।

व्यवसाय लोगों के बारे में है।

आप उन्हें कितनी अच्छी तरह जानते हैं।

और आप उनके साथ कैसा व्यवहार करते हैं।

ग़लती 11

मैंने मान लिया था कि अगर मैं अच्छा बोलूँ और विश्वासपूर्वक बोलूँ, तो इससे मेरी सामग्री का अभाव उजागर नहीं होगा।

आप मंच पर झूठ नहीं बोल सकते।

दर्शक हमेशा आपके अंदर की बात समझ जाते हैं।

ग़लती 12

अगर लोग अपनी समस्याएँ लेकर मेरे पास आते थे, तो मेरा काम यह तय करना था कि वह समस्या मेरे समय के लायक़ है या नहीं है।

अगर यह मेरे समय के लायक़ होती थी, तो मेरा काम इसे सुलझाना था।

बिना आलोचना या सुझाव के किसी की बात सुनना वह सबसे मूल्यवान उपहार है, जो आप किसी को दे सकते हैं।

ग़लती 13

मुझे एक योजना बनाने की ज़रूरत है।

योजना जीवन में किसी बिंदु तक पहुँचने का एकमात्र तरीक़ा है।

अगर आपके पास कोई योजना नहीं है, तो आपके पास कहीं भी पहुँचने की कोई संभावना नहीं है।

योजना नहीं होना और इसके बावजूद ख़ुश रहना सर्वश्रेष्ठ योजना है।

ग़लती 14

मैंने चारों ओर देखा कि हर चीज़ हमारे जीवन को आरामदेह बनाने के लिए बनाई गई थी।

इसलिए मैंने यह मान लिया कि जीवन का उद्देश्य जीवन को आरामदेह बनाना था।

सुविधा या आराम के जाल से बचें, क्योंकि आप जो हैं और आप जो हो सकते हैं, उसके बीच यही निर्णायक भूमिका निभाता है।

ग़लती 15

मैं कोई चीज़ कहता था, लिखता था या शेयर करता था। जब कोई परवाह नहीं करता था, प्रतिक्रिया नहीं करता था या टिप्पणी नहीं करता था, तो मैं निराश हो जाता था।

कोई भी आपको समय और पैसे देने के लिए बाध्य नहीं है। आप जो काम करते हैं, उससे आप इसे हर दिन अर्जित करते हैं।

ग़लती 16

मुझे तेज़ी से पैसे बनाना था, अपने माता-पिता के लिए वह मकान ख़रीदना था, वह शानदार कार ख़रीदनी थी, वह वैकेशन मनाना था। सामान ख़रीदने के लिए मुझे तेज़ी से पैसे बनाने थे।

पैसा आपके लिए चीज़ें ख़रीद सकता है। लेकिन यह जो सबसे बड़ी चीज़ ख़रीद सकता है, वह है स्वतंत्रता।

जिसमें चीज़ों से स्वतंत्रता भी शामिल है।

ग़लती 17

मैंने सोचा था कि अगर आप कड़ी, सचमुच कड़ी मेहनत करते हैं, तो अंततः आप जीत जाएँगे।

कड़ी मेहनत ही एकमात्र चीज़ है, जो मायने रखती है।

लेकिन आप किस पर मेहनत करते हैं, यह भी उतना ही महत्त्वपूर्ण है, जितना यह कि आप उस पर कितना ज़्यादा मेहनत करते हैं।

गधे भी कड़ी मेहनत करते हैं।

स्मार्ट तरीक़े से मेहनत करना ही गधे और इंसान के बीच का फ़र्क़ है।

ग़लती 18

मैंने खुद को दोष दिया कि मैं खेल में देर से पहुँचा।

29 साल की उम्र में मेरे पास कोई नौकरी नहीं थी, पैसा नहीं था, योजना नहीं थी और कोई स्पष्ट विचार नहीं था।

मुझे याद है मैं मार्क ज़करबर्ग को देखकर काफ़ी बुरा महसूस करता था!

हर व्यक्ति की दौड़ अलग है।

दरअसल, यह दौड़ भी नहीं है।

हमारे अपने-अपने मार्ग हैं।

कुछ चलते हैं। कुछ दौड़ते हैं।

ग़लती 19

मैंने मान लिया था कि मेरा काम मेरी तरफ़ से बोलेगा। अगर मैं अच्छा काम करूँगा, तो लोग मुझे वह देंगे, जिस पर मेरा हक़ था और जो मैं चाहता था।

जो मैं चाहता था, वह मैंने कभी नहीं माँगा!

अगर आप माँगते नहीं हैं, तो जवाब हमेशा नहीं होता है। मेरे साथ बीस से तीस साल की उम्र में जो हुआ, उसमें से 90 प्रतिशत क़िस्मत के कारण हुआ।

मैं वह बंदा हूँ, जो सही समय पर सही जगह पर था, लेकिन क़िस्मत ने मेरा साथ नहीं दिया। और हालाँकि मैं इसके लिए कृतज्ञ हूँ, लेकिन मैं चाहता हूँ कि काश! मुझे बेहतर पता होता।

आज मैं जानता हूँ कि 20 से 30 साल की उम्र का इस्तेमाल आपको स्थिर होने के लिए नहीं, बल्कि खुद को खोजने के लिए करना चाहिए।

जितने ज़्यादा से ज़्यादा लोगों से मिल सकते हों, मिलें। जितनी ज़्यादा से ज़्यादा नौकरियाँ कर सकते हों, करें। आमदनी की जितनी ज़्यादा से ज़्यादा धाराएँ खोज सकें, खोजें।

पता लगाएँ कि आप किसमें अच्छे हैं और आपको किसमें ख़ुशी मिलती है।
और फिर 30 साल के बाद की उम्र में वही करें।
मैं 20 से 30 की उम्र में जो था, उस पर मुझे शर्म आती है।

कम आत्मविश्वास, लोगों को खुश करने वाला, ज़्यादा वज़न, एक ही मार्ग पर अटका हुआ, पैसों के मामले में बुरा, आलोचनात्मक।

लेकिन मुझे ख़ुशी है कि मैं यह सब था।
क्योंकि अब मैं जानता हूँ कि मैं कैसा नहीं बनना चाहता।

'मैं चाहता हूँ कि हर व्यक्ति अमीर और मशहूर बन जाए और उसे सपने में सोची हर चीज़ मिल जाए, ताकि उसे समझ आ सके कि यह जवाब नहीं है।'

– जिम कैरी

मैंने उम्र के तीसरे दशक में जो ग़लतियाँ कीं

ग़लती 1

कर्मचारियों को नियुक्त करते समय मैंने उनके रिज़्यूम में दमदार डिग्रियों और बेहतरीन ब्रांड्स पर ध्यान दिया और इस बात को नज़रअंदाज़ किया कि वे कर्मचारी के रूप में कैसे काम करते थे।

मैंने मान लिया था कि उनकी ऊँची डिग्री सफलता की गारंटी है।

जब आप अपने पेशे में विकास करते हैं, तो आपको सफलता आपके ज्ञान की बदौलत नहीं मिलती, बल्कि इस आधार पर मिलती है कि आप लोगों के साथ कैसा व्यवहार करते हैं।

ग़लती 2

मैंने खुद को बताया कि संबंध इंतज़ार कर सकते हैं।

माता-पिता को फ़ोन करना इंतज़ार कर सकता है।

पत्नी और बच्चों को 'आई लव यू' कहना इंतज़ार कर सकता है।

फ़ोन लिए बिना उनके साथ समय बिताना इंतज़ार कर सकता है।

मैंने खुद से कहा, 'मेरे पास समय नहीं है।'

समय ही एकमात्र चीज़ है, जो मायने रखती है।

बाक़ी हर चीज़ इंतज़ार कर सकती है।

ग़लती 3

मैंने सबका प्रबंधन एक ही तरीक़े से किया।

अपने तरीक़े से।

उस तरीक़े से, जो मेरे लिए आसान था, समान था, आरामदेह था।

अगर कोई ऐसी चीज़ है, जिसे आकार के साथ समान नहीं होना चाहिए, तो यह नेतृत्व है।

जब आप विकास करते हैं, तो नेतृत्व करना आपके लिए ज़्यादा मुश्किल होना चाहिए।

क्योंकि लोग अलग होते हैं।

वे आप जैसे नहीं हैं!

ग़लती 4

मुझे लग रहा था कि दूसरी संतान तबाही साबित होगी।

इससे मैं और भी ज़्यादा ग्लानि महसूस करूँगा कि मैं पिता के रूप में अपने बेटे के लिए उपस्थित नहीं था।

जब आपके पास कोई नहीं होता, तो आपके भाई-बहन होते हैं।

और यह ऐसी चीज़ होती है, जो आप माँगते नहीं हैं।

आपके माता-पिता आपको यह उपहार देते हैं।

ग़लती 5

मैंने अपनी सारी बचत स्थावर या अचल संपत्तियों में रखी - रियल एस्टेट, स्टार्टअप्स आदि।

और जब हम वित्तीय उथलपुथल से गुज़रे, तो हम शहरी ग़रीबों की तरह जिए।

ख़र्च चलाने के लिए गहने बेचने पड़े।

चेक काटना आसान है।

आप इसे निवेश तभी कहते हैं, जब आपको इसमें से पैसे आते दिखें!

ग़लती 6

मैंने मान लिया था कि सफलता की हर एक की परिभाषा और प्रेरणा समान होती है।

प्रशंसा की। सम्मान की। दूसरों को प्रेरित करने की।

सफलता की हर एक की परिभाषा अलग होती है। और अगर आपका काम दूसरों की सफलता पाने के अवसरों को बढ़ाता है, तो आप खुद सफल हो जाएँगे।

ग़लती 7

हमारी पहली संतान के पैदा होते ही मेरा साझेदार चला गया और उसकी जगह मेरे बेटे की माँ आ गई।

मुझे अपनी दोस्त और हमराज़ की कमी खलती थी।

क्योंकि वह हमेशा हमारी संतान को पालने में व्यस्त रहती थी।

जब माता-पिता दोनों संतान की परवरिश करते हैं, तभी उनकी साझेदारी जीवित रह पाती है।

ग़लती 8

नियरबाई शुरू करने के बाद मुझे बुरा महसूस हुआ, क्योंकि मुझे पुरस्कार मिलने बंद हो गए।

जब मेरे पास ग्रुपऑन में आसान काम था, तो मेरी तारीफ़ों के पुल बाँधे जाते थे!

जब मैं सबसे ज़्यादा मेहनत कर रहा था, तो कोई ग़ौर भी नहीं कर रहा था।

पुरस्कार कभी हमारे लिए नहीं होते।

वे उन पदों के लिए होते हैं, जिन पर हम रहते हैं।

ग़लती 9

मैंने महसूस किया कि वेंचर कैपिटेलिस्ट्स का व्यवसाय संस्थापकों के साथ मिलकर कंपनी खड़ी करना है।

यानी इस तरह हमारी रुचियाँ एक सी थीं।

लेकिन नहीं! वेंचर कैपिटेलिस्ट कंपनियों में दाख़िल होने और बाहर निकलने के व्यवसाय में होते हैं।

और इसका अक्सर यह मतलब होता है कि अंततः उनके और संस्थापक के हितों में टकराव होगा।

ग़लती 10

मुझे विश्वास था कि अगर मैं उद्यमी बन गया, तो मेरी आर्थिक हालत बहुत अच्छी हो जाएगी।

मैं बहुत सारे पैसे उगाह लूँगा और मेरे पास करोड़ों की नेट वर्थ होगी।

कभी इस वजह से स्टार्ट अप शुरू नहीं करें, क्योंकि आप इससे पैसे बनाना चाहते हैं।

'बोरिंग' पेशेवर करियर के ज़रिये उतने ही पैसे बनाने की संभावना कहीं ज़्यादा होती है।

ग़लती 11

मैं मानता था कि कर्मचारी बुरा नहीं मानेंगे, अगर हम उनकी छँटनी कर दें और दूसरी नौकरी पाने में उनकी मदद करें।

नहीं!

कर्मचारियों की छँटनी करना शायद ही कभी नौकरी के बारे में होता है। यह तो उनके आत्म-सम्मान के बारे में होता है।

ग़लती 12

मैंने अपने क्रेडिट कार्ड पर अधिकतम उधार लिया, दोस्तों से पैसे उधार लिए, देर से बिल चुकाए, सिर्फ़ इसलिए ताकि मैं अपनी विद्यमान जीवनशैली को क़ायम रख सकूँ। मुझे महसूस हुआ कि इसे नीचा करना असफलता की निशानी होगी।

हमारी जीवनशैली के पैमानों को सफलता का पैमाना मानना असफलता का संकेत है।

ग़लती 13

मैंने सोचा था कि कोई भी व्यक्ति यह नहीं चाहता कि उसका नेतृत्व किया जाए। हर व्यक्ति खुद के हिसाब से काम करना चाहता है, इसलिए उन्हें अकेला छोड़ दो।

यह सच नहीं है।

99 प्रतिशत लोग चाहते हैं कि उनका नेतृत्व किया जाए। वे चाहते हैं कि उन्हें बताया जाए कि क्या करना है, जिसके बाद वे अपना सर्वश्रेष्ठ काम करेंगे।

वे चाहते हैं कि उनका प्रबंधन नहीं, बल्कि नेतृत्व किया जाए।

ग़लती 14

मैंने निर्णय लेते समय सोच-विचार करने और तार्किक बनने की आवश्यकता को नज़रअंदाज़ किया और भविष्य के बारे में अतार्किक आशावाद को हावी होने दिया।

हर चीज़ के बारे में मेरी नीति थी, 'सब कुछ ठीक हो जाएगा।'

आशा कोई रणनीति नहीं है।

20 से 30 साल के बीच मैंने अपनी पीएचडी अधूरी छोड़ दी, एमबीए पूरा किया, परामर्श में काफ़ी आमदनी वाला काम किया, स्टार्ट अप में काम करके थोड़ी सफलता पाई, लेकिन संस्थापक के साथ हुए संघर्षों की वजह से मुझे उसे छोड़ना पड़ा।

29 साल की उम्र में मेरे पास नौकरी नहीं थी, पैसा नहीं था, योजनाएँ नहीं थीं और कोई पहचान नहीं थी।

लेकिन मैंने बहुत कुछ सीखा।

30 की उम्र के बाद मैंने 2 व्यवसाय शुरू किए, पैसे उगाहे, कर्मचारियों की छँटनी की, अपने या अपने निवेशकों के लिए पैसे नहीं कमा पाया, कर्मचारियों से संबंधित ख़राब निर्णय लिए और मैं अच्छा पिता साबित नहीं हुआ।

39 साल की उम्र में मैं एक बार फिर बेरोज़गार था, मेरे पास पैसा नहीं था, कोई योजनाएँ नहीं थीं और कोई पहचान नहीं थी।

लेकिन मैं इसे किसी दूसरी तरह नहीं चाहूँगा।
मैं सौभाग्यशाली हूँ कि 30 से 40 के बीच की उम्र 20 से 30 की उम्र से काफ़ी बेहतर थी, जब मेरी की हुई ग़लतियों और मुझ पर उनके प्रभाव की बात आती है।

दशक गुज़रने पर मुझे अहसास हुआ कि जीवन में सचमुच महत्त्वपूर्ण क्या है।

मेरे लिए यह पैसा या शोहरत या मान्यता नहीं थी।
यह तो वह करने की योग्यता थी, जो मैं करना चाहता था, इस बात की परवाह किए बगैर कि संसार मेरे बारे में क्या सोचता है।

सफलता की इस परिभाषा तक पहुँचने के रास्ते में मैंने बहुत-सी ग़लतियाँ कीं।

और मैं खुद को भाग्यशाली मानता हूँ। अगर ये ग़लतियाँ नहीं होतीं, तो मैं अब भी 41 वर्ष का कम जागरूक व्यक्ति होता, जो 5 साल के बच्चे जितना जानता होता!

अपनी ग़लतियों पर मनन करके मैंने अपने बारे में सबसे ज़्यादा सीखा है।

मुझे आशा है कि यह जादू आपके साथ भी हो जाए!

मेरी असफलता का रिज़्यूम

मैं 2021 में 41 साल का हुआ।
यहाँ उन चीज़ों की सूची है, जिनमें मैं असफल हुआ।

मेरी असफलता का रिज़्यूम

आईआईटी में दाख़िल होना एक सपना था।
मैंने 12वीं की पढ़ाई करते समय इसकी कोशिश की।
इसमें कामयाब नहीं हो पाया।
क़रीब भी नहीं पहुँच पाया।

तब मैंने पहली बार अपने पिता को रोते देखा।
शायद उन्हें महसूस हुआ था कि यह चीज़ हमें वित्तीय दुखों से बाहर निकाल देगी।

मैं नहीं जानता।
मैंने उनसे कभी नहीं पूछा कि वे उस दिन क्यों रोए थे।

मैं किसी इंजीनियरिंग कॉलेज में नहीं पहुँच पाया।
ऐसे कॉलेज में, जो मायने रखता हो या जिसमें मैं जाना चाहता था।

इसलिए मैंने तीन साल की बीएससी की डिग्री लेने का निर्णय लिया।

सेंट स्टीफ़ेन्स से।

मुझे इंटरव्यू के स्तर पर रिजेक्ट कर दिया गया।

डॉ. विल्सन ने कहा था, 'मैं नहीं सोचता कि तुम भौतिकी में अच्छे रहोगे।'

कॉलेज में फ़र्स्ट ईयर में पढ़ते समय एक बार फिर आईआईटी की कोशिश की।

कामयाब नहीं हो पाया।

क़रीब भी नहीं पहुँच पाया।

इस बार कोई नहीं रोया।

मैं भी नहीं।

शायद मैं परिणाम जानता था।

डिग्री पूरी होने पर मैंने भौतिकी में मास्टर्स डिग्री के लिए आईआईटी जाने का निर्णय लिया।

परीक्षाओं में बैठा।

किसी में कामयाब नहीं हो पाया, सिवाय आईआईटी कानपुर के, जहाँ मुझे इंटरव्यू के लिए बुलाया गया।

डॉ. एच.सी. वर्मा ने मुझसे एक सवाल पूछा।

मैं नहीं जानता था कि जवाब देना कैसे शुरू करना है।

मैं माफ़ी माँगकर कमरे से बाहर आ गया।

फ़िज़िक्स में पीएचडी करने के लिए अमेरिकी विश्वविद्यालयों में आवेदन देने लगा।

मेरी सबसे ज़्यादा इच्छा प्रिंसटन युनिवर्सिटी में जाने की थी।

मैंने सात युनिवर्सिटीज़ में आवेदन दिया।

एक महीने के भीतर ही उनमें से छह ने मुझे रिजेक्ट कर दिया।

उस एकमात्र युनिवर्सिटी में चला गया, जिसने मुझे स्वीकार किया।

एक ख़ास कोर्स की आख़िरी परीक्षा।

प्रोफ़ेसर ने एक थ्योरम के पीछे का तर्क पूछा।

मैंने पूरा प्रमाण उगल दिया।

कोई ग़लती नहीं।

जवाब में यह सुनने को मिला।

'पहले कभी नहीं देखा कि किसी को इतनी अच्छी तरह याद हो। क्या पता तुम इसमें से कितना सचमुच समझते हो?'

मैंने पीएचडी अधूरी छोड़ दी।

भारत लौट आया।

हर व्यक्ति निराश था।

मैं 24 साल का था।

कोई पैसा नहीं।

कोई योजना नहीं।

कोई दिशा नहीं।

कोई करियर नहीं।

कोई शिक्षा नहीं।

एमबीए करने और दिशा बदलने का निर्णय लिया।

कैट के लिए बैठा, ताकि आईआईएम में पहुँच जाऊँ।

उनमें से किसी में भी इंटरव्यू तक नहीं पहुंच पाया।

किसी में भी नहीं!

इंडियन स्कूल ऑफ़ बिज़नेस (आईएसबी) में दाख़िला मिला (आज तक नहीं पता कि कैसे या क्यों)।

सोचा कि परामर्श के क्षेत्र में मुझे सबसे ज़्यादा लाभ होगा, क्योंकि मेरे पास ऐसा कोई अनुभव नहीं था, जिस पर मुझे गर्व हो।

तमाम परामर्शदात्री फ़र्म्स में आवेदन दिया।

हर एक ने रिजेक्ट कर दिया, सिवाय बोस्टन कन्सल्टिंग ग्रुप (बीसीजी) और ए.टी. कियर्नी के।

बीसीजी के इंटरव्यू में बैठा।

बातचीत के अंत में इंटरव्यू लेने वाले ने पूछा, 'तुम 5 के पैमाने पर आज के अपने प्रदर्शन को क्या रेटिंग दोगे?'

'मुझे लगता है, 5 में से 2।'

'मैं सहमत हूँ,' उसने जवाब दिया।

परामर्श में अपने पहले प्रोजेक्ट के लिए मुझे एक रियल एस्टेट ग्राहक के लिए विस्तृत बिज़नेस प्लान बनाना था।

मैं अकाउंटिंग से नफ़रत करता था।

इसलिए मैंने फूहड़ता से काम किया।

हर ड्राफ़्ट में ढेर सारी ग़लतियाँ थीं।

मेरे मैनेजर ने कहा, 'अगर मैं काम के मामले में तुम पर भरोसा नहीं कर सकता, तो यह मायने नहीं रखता कि तुम कितने स्मार्ट हो।'

अपने एमबीए बैचमेट के स्टार्टअप में सह-संस्थापक के रूप में शामिल हुआ।

मैंने विस्तार करने के लिए प्रौद्योगिकी का इस्तेमाल नहीं किया, अपने समय के साथ समस्याओं से जूझता रहा, अपनी ग़लतियों को स्वीकार नहीं किया, फ़ीडबैक नहीं माँगा, यह नहीं सोचा कि मैं कुछ ग़लत कर रहा था।

एक साल बाद उसने मुझे निकाल दिया।
उसने सही चीज़ की।

मैं 29 का हो गया था।
कोई पैसा नहीं।
कोई योजना नहीं।
कोई दिशा नहीं।

नौकरी करने का निर्णय लिया और सोचा कि प्रॉडक्ट मैनेजमेंट मेरे लिए सही रहेगा।

गूगल और फ़ेसबुक में आवेदन दिया।

किसी ने भी जवाब नहीं दिया।

इसके बजाय स्टार्ट अप शुरू करने का निर्णय लिया।

फ़ूड कंपनी।

इंडियन एंजेल नेटवर्क, मुंबई एंजेल्स के सामने प्रस्ताव रखा। और 11 हाई नेट वर्थ व्यक्तियों के सामने।

हर एक ने विचार को ठुकरा दिया।

उस वक़्त मैंने सोचा था कि हर एक मुझे ठुकरा रहा था।

ग्रुपऑन्स के कुछ एपीएसी बाज़ारों को चलाने का मौक़ा मिला।

यह नहीं जानता था कि काम कैसे सौंपा जाए।

यह नहीं जानता था कि दूर रहकर नेतृत्व कैसे किया जाए।

यह नहीं जानता था कि दूसरों के ज़रिये परिणाम कैसे हासिल किए जाएँ।

लीडर और मैनेजर के रूप में बुरी तरह असफल हुआ।

बाहरी पूँजी उगाहकर ग्रुपऑन के भारतीय व्यवसाय को ख़रीदने का अवसर मिला।

पूरे संसार के 23 वेंचर कैपिटैलिस्ट्स के सामने प्रस्ताव रखा।

22 ने इंकार कर दिया।

नियरबाई पर एक रेफ़रल प्रोग्राम शुरू किया, नियंत्रण और संतुलन के बिना।

एक महीने में 11 करोड़ रुपये का घाटा हुआ।

सोचा कि हालाँकि घाटा हो रहा था, लेकिन व्यापार बढ़ने से निवेशक रोमांचित होंगे।

इसलिए आख़िरकार पैसा आ जाएगा।

हमारा पैसा तेज़ी से बाहर जा रहा था, जिसकी गति कम करना ज़रूरी था।

300 में से 80 कर्मचारियों की छँटनी कर दी।
कंपनी के सामने खड़े होकर माफ़ी माँगी और रोया।
मैं हर एक के सामने असफल हो गया था।
खुद के सामने भी।

अपने अतार्किक आशावाद में हमने बाईआउट के बाद ज़रूरत से ज़्यादा बड़े ऑफ़िस के लिए हस्ताक्षर कर दिए थे।

चूँकि हमारे पास पैसे नहीं थे, इसलिए हमने ऑफ़िस को सब-लीज़ पर दूसरे किरायेदारों को दे दिया।

एक बार जब लीज़ ख़त्म हो गई, तो हमें ऑफ़िस ख़ाली करना पड़ा।

अपने किरायेदारों को मझधार में छोड़कर।

उन्होंने सोचा था कि हम कभी छोड़कर नहीं जाएँगे।

मैंने भी यही सोचा था।

एक बार फिर पैसे उगाहने की प्रक्रिया शुरू की।
संसार के 68 निवेशकों के सामने प्रस्तुति दी।
67 ने इंकार कर दिया।
एक ने हमें टर्म शीट दी।
लेकिन हमारे साइन करने से पहले ही वह पीछे हट गया।

इस दौरान घाटे को कम करने के लिए हमने कम वेतन पर काम किया।

और मेरे व्यक्तिगत ख़र्च आमदनी से ज़्यादा थे।

मेरे पास कोई बचत नहीं थी।

मेरी सारी बचत नियरबाई में निवेशित थी।

मुझे दोस्तों से उधार लेना पड़ा।

मेरे दोनों क्रेडिट कार्ड्स पर अधिकतम क़र्ज़ था।

मुझे अपनी बहन की शादी के पैसों का इंतज़ाम करने के लिए अपने माता-पिता का मकान गिरवी रखना पड़ा।

विदुर को उसके जन्मदिन पर साइकल का तोहफ़ा देने के लिए, जिसे वह एक साल से माँग रहा था, हमें रुचि की सोने की चूड़ियाँ बेचनी पड़ीं।

जब वह स्कूल से आया, तो साइकल देखकर हैरान रह गया।

वह रोने लगा।

हम भी।

मेरे सर्वश्रेष्ठ इरादों के बावजूद नियरबाई वह नहीं बन पाया, जिसकी मैंने कल्पना की थी।

निवेशकों का पैसा डूब गया।

कर्मचारियों की नौकरियाँ चली गईं।

बहुतों का विश्वास उठ गया।

मैं इसे कारगर बनाने में नाकाम रहा।

और मुझे अहसास हुआ कि अब मुझे इसकी कोशिश नहीं करनी चाहिए।

मैं 39 साल का था।

कोई पैसा नहीं।

कोई योजना नहीं।

कोई दिशा नहीं।

रिज़्यूम बड़ा रोचक दस्तावेज़ होता है।

यह उन सभी बड़ी चीज़ों को बताता है, जो आपने की हैं, जिन्हें आपने हासिल किया है और जिन पर आपको गर्व है।

लेकिन यह कभी नहीं बताता कि आप वहाँ कैसे पहुँचे।

वे असफलताएँ, जिन्होंने आपको वहाँ तक पहुँचाया।

मेरा जीवन उन छोटी चीज़ों के बारे में उतना नहीं है, जिन्हें हासिल करने में मैं कामयाब हुआ हूँ। यह मेरी असफलताओं के बारे में ज़्यादा है।

जीवन के पहले छह वर्षों में विदुर जब परिवार का चित्र बनाता था, तो उसमें हमेशा मेरे हाथ में फ़ोन रहता था।

वह अपने पिता को इसी तरह याद करता था।

व्यस्तता की वजह से मैं अपने माता-पिता से कई दिनों तक बात नहीं कर पाता था। मैं जीवन में अपनी दूसरी असफलताओं की भरपाई करने की कोशिश कर रहा था और मुझे इस बात का अहसास नहीं था कि इस तरह मैं एक और असफलता की तैयारी कर रहा था।

मेरे निवेशकों और सहकर्मियों ने मुझ पर भरोसा किया था,

उनके पैसों से, उनके करियर से, उनके समय से।

और मैं उनके विश्वास पर खरा नहीं उतरा था।

मैंने उनके पैसों, उनके करियर, उनके विश्वास से खेला था।

हमेशा यह उम्मीद करते हुए कि मैं खुद को उबार लूँगा और इस सबको वापस लाने के लिए कुछ न कुछ हो जाएगा।

लेकिन यह कभी नहीं हुआ।

और यह मेरी असफलता है।

और यह मेरी कहानी है।

अपना जीवन जीने के लिए मैं बहुत-बहुत कृतज्ञ हूँ।

अगर मुझे दोबारा शुरू करना पड़े, तो क्या मैं कोई चीज़ बदलना चाहूँगा?

संभवतः नहीं।

मैं सोचता हूँ कि काश! मैंने अतीत में बेहतर काम किया होता, बेहतर रहा होता, बेहतर प्रदर्शन किया होता, लेकिन मैं इसे किसी दूसरे तरीक़े से नहीं चाहूँगा।

मैं जो हूँ, इन असफलताओं की वजह से हूँ।

जख़्मों के जो निशान आपके शरीर पर हैं।

उन पर अफ़सोस नहीं करें।

उनसे नफ़रत नहीं करें।

उन्हें अस्वीकार नहीं करें।

वे उस युद्ध की निशानी हैं, जिसे आपने लड़ा था।

और भले ही आप हार गए, लेकिन पीछे छूटे निशान इस बात की याद दिलाते हैं कि आप कौन थे और आप आगे क्या बन सकते हैं।

दिन के अंत में जब आप अपने कपड़े उतारते हैं, तो जख़्मों के निशान एक कहानी बताते हैं, जिसे सिर्फ़ आप जानते हैं।

ज़्यादा जख़्मों के निशानों की कामना नहीं करें।

लेकिन निश्चित रूप से अपने पास के निशानों के बारे में जागरूक बनें।

शायद एक दिन आपको उन पर भी गर्व होगा।

पुनःश्च 1 :

किसी के लिए यह मान लेना आसान है कि मैं जीवन में अंततः जहाँ पहुँचा (कॉलेज, कंपनियाँ, निवेशक आदि) वे मेरे पहले चयन नहीं थे, इसलिए वे सही चयन नहीं थे।

यह सच नहीं है।

हर एक ने मुझे अस्वीकार कर दिया था। लेकिन उन कॉलेजों, कंपनियों और निवेशकों ने मुझे स्वीकार किया। वे मेरी नज़रों में क़तई कमतर नहीं हैं। कभी नहीं!

पुनःश्च 2 :

मैं बहुत ज़्यादा खुशक़िस्मत हूँ। इतना खुशक़िस्मत कि कई बार तो मैं सदमे में आ जाता हूँ।

इसलिए इस नतीजे पर पहुँचना आसान हो सकता है कि

यह सब विनम्रता की डींग है और मैंने सचमुच बहुत-सी सफलता का आनंद लिया है।

मेरी सफलता का कोई स्पष्टीकरण नहीं है। मैं इसे तर्कसंगत साबित नहीं कर सकता हूँ, ना ही इसका दावा कर सकता हूँ।

खंड 2

आदतें

काफ़ी लंबे समय से मैं आदतों का विद्यार्थी रहा हूँ। मैं दो कारणों से लक्ष्य तय नहीं करता :

- आप प्रक्रिया में कुछ बनने के बजाय एक मंज़िल को चुनते हैं।
- पहली मंज़िल पर पहुँचने के बाद आप हमेशा दूसरी मंज़िल के पीछे भागने लगते हैं।

इसके बजाय, आदतों ने जीवन में सभी छोटी-बड़ी चीज़ों में मेरी मदद की है।

चाहे यह समय पर सोने की आदत हो।

या चार साल से ज़्यादा समय तक निष्ठापूर्वक वीडियो रिकॉर्ड करने की, जब कोई मुझे देख नहीं रहा था।

या 2005 से अपना ब्लॉग लिखने की, जो अंततः इस पुस्तक तक लाया।

मुझे आदतों से प्रेम है, क्योंकि उनकी वजह से मैं जिस तरह का व्यक्ति बनता हूँ, उससे बहुत से दरवाज़े खुल जाते हैं, जबकि लक्ष्यों का पीछा करने पर हम बस एक दरवाज़े तक ही पहुँच सकते हैं (शायद), और वह भी खुशक़िस्मती से।

आदतें हमें उर्वर बनाती हैं, लक्ष्य हमें बंजर बनाते हैं।

जल्दी उठने का रहस्य जल्दी जागना नहीं है।
यह तो समय पर सोना है!

रहस्य जल्दी जागने में ही नहीं है। कोई भी अलार्म घड़ी आपकी ख़ातिर यह काम कर सकती है।

रहस्य सुबह ऊर्जावान, ख़ुश और उत्पादक बनना है। समय पर सोने से ज़्यादा यह किसी दूसरी चीज़ से सुनिश्चित नहीं हो सकता।
वरना जल्दी जागने में तुक ही क्या है, अगर आप आलस महसूस करें और अंततः खुद से नफ़रत करें?

जल्दी जागना कारगर नहीं होता; समय पर सोना कारगर होता है।

अपनी यात्रा बताएँ।

अपनी यात्रा का दस्तावेज़ीकरण करें।

अपनी यात्रा का वर्णन करें।

आपकी कहानी मूल्यवान है।
शायद आप इसे नहीं देख पाते हैं।

इसे किसी ऐसे व्यक्ति के लिए मार्गदर्शक मानें, जो अब तक उससे नहीं गुज़रा है, जिससे आप गुज़रे हैं।
अगर आप उन लोगों की आँखों से खुद को देख पाते, जिन्हें आपने प्रेरित किया था।

जब भी आप अपना ज्ञान बाँटने से रुक जाते हैं, क्योंकि 'मेरी बात कौन सुनेगा; मैं कुछ नहीं हूँ,' तो आप जैसा ही कोई दूसरा व्यक्ति अपना ज्ञान बाँट रहा है और वह 'स्वर्णिम पैमाना' बन जाता है।

ज्ञान बाँटना आपकी नैतिक ज़िम्मेदारी है।

उत्सुकता ने इतने ज़्यादा अवसर उत्पन्न किए हैं, जितने कड़ी मेहनत से कभी नहीं हो सकते।

मेरा प्रिय स्टार्टअप संस्थापक कंटेंट उत्पन्न क्यों नहीं कर रहा है?

मैं जिसे कोल्ड ईमेल लिख रहा हूँ, उसके मूल्य में कैसे वृद्धि कर सकता हूँ, जिसके बाद ही मैं उससे बदले में कुछ माँगूँ?

क्यों नहीं?

जिज्ञासु बनना जीवन में ज़्यादा अवसर पाने की कुंजी है।

आपको पता नहीं है कि आप जो मूर्खतापूर्ण प्रश्न पूछने से कतराते हैं, उनसे किस तरह किसी दूसरे की दुविधा दूर हो सकती है।

लक्ष्य आदतों के शत्रु हैं।

लक्ष्य तय नहीं करें।

आदतें डालें!

आदतों के बजाय लक्ष्य तय करने से हम वैसे बनना भूल जाते हैं, जैसे हम बनना चाहते हैं।

हम ना सिर्फ़ मैराथन दौड़ना चाहते हैं। हम फ़िट भी होना चाहते हैं।
हम ना सिर्फ़ मूर्ति जैसे दिखना चाहते हैं। हम अनुशासित भी दिखना चाहते हैं!
हम सिर्फ़ बिक्री के लक्ष्यों तक ही नहीं पहुँचना चाहते हैं।
हम ज़्यादा ग्राहकों की समस्याएँ सुलझाना चाहते हैं।

हम प्रक्रिया को जितना ज़्यादा सही रखेंगे, लक्ष्यों के उतने ही ज़्यादा क़रीब पहुँचेंगे।
हम लक्ष्यों के पीछे जितना ज़्यादा भागेंगे, उन्हें हासिल करने के बाद खोखला महसूस करने लगेंगे।

आदतें हमेशा के लिए हमें उठाकर ज़्यादा ऊँचाई पर पहुँचाती हैं, जबकि लक्ष्य हमें पालतू बनाते हैं और जब हम उन्हें हासिल कर लेते हैं, तो हमारे पास कोई सुराग़ नहीं होता कि अब क्या करें।

अपने संघर्ष को न्यूनतम बनाने की कोशिश नहीं करें। इसे ज़्यादा अर्थपूर्ण बनाने की कोशिश करें।

आप कभी अपने संघर्ष को न्यूनतम नहीं बना सकते। इससे सिर्फ़ आपकी भावनाओं का दमन होगा।

लेकिन आप हमेशा पता लगा सकते हैं कि इसका क्या मतलब है।

किसी सहकर्मी से हर दिन त्रस्त महसूस कर रहे हैं? क्या इसका मतलब है कि आप 'पर्याप्त अच्छे' नहीं हैं या इसका सिर्फ़ यह मतलब है कि वह आपको संलग्न महसूस नहीं कराता है?

ऐसा काम खोजने की कड़ी कोशिश कर रहे हैं, जिससे आप प्रेम करें? क्या इसका यह मतलब है कि आप इस लायक़ नहीं हैं या इसका यह मतलब है कि आपके प्रयास चक्रवृद्धि हो रहे हैं और आगे चलकर आपको 10 गुना परिणाम देंगे?

माता-पिता आपसे छोटी-छोटी बातें पूछते हैं? क्या इसका मतलब यह है कि वे आपके मामलों में अपनी टाँग अड़ा रहे हैं या इसका सिर्फ़ यह मतलब है कि वे आपकी सुरक्षा को सुनिश्चित करके अपनी चिंता कम करना चाहते हैं?

जब हम संघर्ष का दमन करते हैं, तो यह दूर नहीं जाता। यह तो बस हमारे अंदर बंद हो जाता है, जिससे हम खुद पर हर दिन सवाल करते हैं।

जब हम अपने संघर्ष का अर्थ चुनते हैं, तो हम इस्तेमाल होने के बजाय इसका इस्तेमाल करते हैं।

इससे पहले कि आप कोई चीज़ मानकर चलें, इस अजीब चीज़ को आज़माएँ।

पूछ लें!

कोई आपको नज़रअंदाज़ कर रहा है? शायद वह मुश्किल समय से गुज़र रहा है या उसे पता भी नहीं है कि वह आपको नज़रअंदाज़ कर रहा है। क्यों ना उससे पूछ लें?

लोग आपके प्रति अच्छे नहीं हैं? शायद वे खुद के प्रति अच्छे बनने की भी कोशिश कर रहे हैं। क्यों ना पूछ लें?

अपने माता-पिता से बात करना चाहते हैं? शायद वे भी यही चाहते हैं। क्यों ना पूछ लें?

धारणाएँ बनाने से पहले पूछना सबसे अच्छा रहता है।

इससे या तो आपकी धारणा की पुष्टि हो जाती है या फिर आप लोगों को ज़्यादा अच्छी तरह समझ लेते हैं। दोनों में से कुछ भी हो, आप संप्रेषण में बेहतर बन जाते हैं।

जीत-जीत!

आज सबसे महत्त्वपूर्ण योग्यताएँ,
जिन्हें बहुत कम सिखाया
जाता है :

हास्यबोध

कहानी सुनाना

धन का प्रबंधन

मानव मनोविज्ञान

कोल्ड ईमेलिंग

आप किसी ऐसी चीज़ के लिए आलस नहीं छोड़ेंगे, जिसे आप नहीं करना चाहते।

मैं हर सुबह 4.30 पर जाग जाता हूँ। ध्यान करने, गाने का रियाज़ करने और पढ़ने के बाद मैं टेनिस खेलने चल देता हूँ।

हर दिन।

चाहे जून में तापमान 36 डिग्री हो या दिसंबर में 6 डिग्री। सिर्फ़ इसलिए, क्योंकि मैं इससे प्रेम करता हूँ!

लेकिन मैं टीवी पर क्रिकेट मैच देखने के लिए यह नहीं करूँगा। या लोकप्रिय सीरीज़ देखने के लिए नहीं करूँगा। मैं निश्चित रूप से फ़िक्स्ड डिपॉज़िट बनाने के लिए कभी कोई प्रयास नहीं करूँगा।

सिर्फ़ इसलिए, क्योंकि मैं इन्हें नहीं चाहता!

हमें उत्पादकता के ज़्यादा तरीक़ों की ज़रूरत नहीं होती। हमें तो वह करने में ज़्यादा समय बिताने की ज़रूरत होती है, जिसे हम करना चाहते हैं।

लेखन का सबसे अच्छा रूप वह है, जो ना तो डर से लिखा जाए, ना ही बताने की इच्छा से लिखा जाए।

इसलिए नहीं लिखें, क्योंकि आप चाहते हैं कि लोग आपको पसंद करें।

इसलिए नहीं लिखें, क्योंकि आप ज़्यादा लाइक्स चाहते हैं।

इसलिए नहीं लिखें, क्योंकि आप किसी को प्रभावित करना चाहते हैं।

इसलिए लिखें, क्योंकि आप खुद को व्यक्त करना चाहते हैं।

इसलिए लिखें, क्योंकि आप इसे पढ़ेंगे।

इसलिए लिखें, क्योंकि अगर आपने ऐसा नहीं किया, तो आपके अंदर क़ैद भावनाएँ आपको ही नुक़सान पहुँचाएँगी।

इसलिए लिखें, क्योंकि अगर आपने इसे नहीं लिखा, तो आप उसे कैसे पढ़ पाएँगे, जिसकी आपको ज़रूरत है?

इसलिए लिखें, क्योंकि कोई दूसरा कभी आपका अगला संस्करण नहीं बन सकता।

पुस्तकें पढ़ने की आदतें डालने के लिए वे पुस्तकें पढ़ें, जिनमें आपको आनंद आए।

वे पुस्तकें नहीं, जो संसार के हिसाब से आपको पढ़नी चाहिए!

तीन चीज़ें आपको बता देंगी कि आप अपने जीवन में किस चीज़ या व्यक्ति को महत्त्वपूर्ण मानते हैं।

1. जागने के बाद आपका पहला घंटा

2. सोने से पहले आख़िरी घंटा

3. आपका कैलेंडर

मेरे दिन के पहले 60 मिनट सिर्फ़ मेरे होते हैं। मैं शराब की तरह चुस्कियाँ लेकर पानी पीता हूँ। खुद को मिली नियामतों पर मुस्कराता हूँ। ध्यान करता हूँ।

मेरे दिन के आख़िरी 60 मिनट पारिवारिक समय होते हैं। या तो मैं विदुर के साथ पढ़ता हूँ या फिर मैं उज़्मा को सुलाने में रुचि की मदद करता हूँ, जिसके बाद हम अपने दिन के हालचाल एक-दूसरे को बताते हैं। प्यारा समय!

मेरे कैलेंडर की कुछ चीज़ें मेरे लिए बेहद महत्त्वपूर्ण होती हैं : दोपहर की झपकी, अपनी टीम के साथ एक पर एक बातचीत, पढ़ने का समय, संगीत के सबक़, मेरी बेटी को सुबह तैयार करना।

जिन चीज़ों को करना आसान होता है, उन्हें नज़रअंदाज़ करना भी आसान होता है।

अगर आप अज्ञान के बजाय निरंतरता से उन्हें करने का चुनाव करते हैं, तो वे आपके जीवन को पूरी तरह बदल सकती हैं।

दैनिक प्रगति आपके क्षेत्र में विशेषज्ञ बनने के बारे में नहीं है।

यह तो यह मानसिकता विकसित करने के बारे में है कि प्रगति जीने का तरीक़ा है।

यह साँस लेने जैसा है।

हम इसे स्वीकार करने के लिए शायद ही कभी रुकते हैं।

लेकिन हम हर पल साँस लेते हैं।

इसके बिना हम मर जाएँगे।

पुस्तकें पढ़ने से आप स्मार्ट नहीं बनेंगे।
प्रेरक वीडियो देखने से आप प्रेरित नहीं होंगे।
लिखने से आपके विचार ज़्यादा स्पष्ट नहीं होंगे।

हम इन चीज़ों से आकार नहीं लेते हैं।
हम तो उन कहानियों से आकार लेते हैं, जो हम खुद को बताते हैं।

पुस्तकें पढ़ना जवाब नहीं है। जवाब वह है, जो हम उनसे सीखते हैं।

लिखना स्पष्टता का जवाब नहीं है। जवाब तो इसमें निहित है कि हम जो लिखते हैं, क्या वह ज़्यादा शांति में रहने के लिए है या फिर हम मान्यता या पुष्टि पाने की उम्मीद से लिखते हैं।

प्रेरक वीडियो निश्चित रूप से जवाब नहीं हैं (हालाँकि मैं इन्हें हर सप्ताह बनाता हूँ)। हम इन वीडियोज़ को देखने के बाद अपने जीवन को जिस तरह बदलते हैं, वही जवाब है।

कुछ भी नहीं बदलता, जब तक कि हम उसे नहीं बदल लें, जो हमारे दोनों कानों के बीच रहता है।

हम दूसरों को उनके कार्यों के ज़रिये जानते हैं।

हम खुद को अपने विचारों के ज़रिये जानते हैं।

हम नहीं जानते कि दूसरे क्या सोच रहे हैं। हम तो सिर्फ़ वही जानते हैं, जो वे कर रहे हैं।

हमारी ओर देखते समय उन्हें भी यही दिखता है – जो हम करते हैं, ना कि वह जो हम सोचते हैं।

हमारे पास सौ योजनाएँ हो सकती हैं, लेकिन दूसरों को सिर्फ़ वही योजना दिखती है, जिस पर हम काम कर रहे हैं।

काम के बिना योजनाएँ कारगर नहीं होतीं।

विचार शक्तिशाली होते हैं, लेकिन तभी जब उन्हें कार्यों में बदला जाए।

कार्य के बिना वे बस अधूरे वादे होते हैं।

हम यह बताने के लिए सिर हिलाते हैं कि हम सुन रहे हैं।

लेकिन हम सामने वाले व्यक्ति की बात नहीं सुन रहे होते हैं।

इसके बजाय हम तो अपने दिमाग़ की बात सुन रहे होते हैं, जो हमें बता रहा है कि क्या कहना है।

जब हम सुनते हैं, तो क्या हम सचमुच सुनते हैं या फिर हम अपने दिमाग़ में प्रतिक्रिया तैयार कर रहे हैं?

जब हम सुनते हैं, तो क्या हमारा मस्तिष्क खुला रहता है या फिर यह बंद पुस्तक की तरह होता है, जो सारे जवाब जानती है?

जब हम सुनते हैं, तो क्या हमारा मदद करने का इरादा होता है या फिर हम बस अपना दृष्टिकोण थोपना चाहते हैं?

हम यह बताने के लिए सिर हिलाते हैं कि हम प्रतिक्रिया करने के लिए सुन रहे हैं।

लेकिन क्या हो, अगर हम सिर्फ़ उसे सुनने के लिए सिर हिलाएँ, जो सामने वाला सचमुच व्यक्त करना चाहता हो?

क्या हो, अगर हम सिर्फ़ उसके शब्दों के अर्थ को समझने के लिए सिर हिलाएँ और वह ताना-बाना नहीं बुनें, जिसकी हमने पहले ही योजना बना ली है?

आपकी उपस्थिति आपके अनुशासन को परिभाषित नहीं करती है।

आपका ध्यान करता है।

कॉलेज चाहता है कि आपकी निश्चित उपस्थिति हो।
कुछ कंपनियाँ चाहती हैं कि आप ऑफ़िस में मौजूद रहें।
इससे भी बदतर, रिश्तेदार भी चाहते हैं कि आप उन पार्टियों में मौजूद रहें, जिनसे आप नफ़रत करते हैं!

क्या हो, अगर आप मौजूद तो हों, लेकिन खुश नहीं हों?
आप खोए-खोए रहेंगे, हर एक से नफ़रत करेंगे और अपने जीवन से नफ़रत करेंगे।

आपका अनुशासन तब परिभाषित होता है, जब आप सारे समय पूरी तरह मौजूद रहते हैं।
इससे पता चलता है कि आप रुचि ले रहे हैं, प्रक्रिया का आनंद ले रहे हैं और प्रवाह में हैं!

आपकी गुणवत्तापूर्ण उपस्थिति आपकी मजबूरन उपस्थिति से कहीं ज़्यादा महत्त्वपूर्ण होती है, जब आप सचमुच उपस्थित नहीं होते।

आप किसके साथ समय बिताते हैं, वही उन कहानियों को तय करेगा, जो आप सुनते हैं।

जो कहानियाँ आप सुनते हैं, वे आपके दिमाग़ के अंदर की कहानियों को तय करेंगी।

आपके दिमाग़ के अंदर की कहानियाँ आपको तय करेंगी।

आप किसके साथ समय बिताते हैं, इसका चुनाव करें, समझदारी से!

वेतन नहीं, सीखने का सर्वश्रेष्ठ तरीक़ा खोजें।

स्थिरता नहीं, प्रगति का सर्वश्रेष्ठ तरीक़ा खोजें।

आराम नहीं, बल्कि डरों का सामना करने के लिए सर्वश्रेष्ठ तरीक़ा खोजें।

अगर आपके सामने समान वेतन वाली दो नौकरियों के प्रस्ताव रखे जाएँ, तो आपको विकास की संभावना वाली नौकरी को चुनना चाहिए।

अगर आप धन और करियर के संदर्भ में सचमुच स्थिरता चाहते हैं, तो यह जान लें कि यह किसी को भी तब तक नहीं मिलती, जब तक कि वे प्रगति को अपनी जीवनशैली नहीं बना लें।

आप जिससे डरते हैं, उसका सामना करने के बाद आराम की भावना उत्पन्न होती है।

आरामदेह दायरे में बने रहना वह सबसे ख़तरनाक चीज़ है, जो आप कर सकते हैं।

जो चीज़ें करने में सबसे आसान होती हैं, उनके साथ जीना सबसे मुश्किल होता है।

लेकिन वही एकमात्र चीज़ें हैं, जो हमारे जीवन को ज़्यादा आसान बनाती हैं।

अगर आप नवनियुक्त कर्मचारी हैं, तो किसी के आप पर ग़ौर करने की उम्मीद नहीं है।

बस काम करते रहें, सवाल नहीं पूछें, चुनौती नहीं दें, अपने बॉस की बात पर हाँ कहें, बहुत ज़्यादा दोस्ताना बनने की कोशिश नहीं करें।

कुंजी वहाँ पर बने रहना है।

और सिर झुकाकर रहना है।

यह उन कई झूठों में से एक है, जो हमें बताए जाते हैं।

संसार के कुछ सबसे स्मार्ट लोग आपकी नींद के समय को छीनने की कोशिश कर रहे हैं?

आप जानते हैं कि इसका क्या मतलब है?

आपकी नींद बहुत महत्त्वपूर्ण है!

आपके लिए भी और उनके लिए भी।

उन्हें जीतने नहीं दें!

सोशल मीडिया और स्ट्रीमिंग प्लेटफ़ॉर्म इस तरीक़े से तैयार किए गए हैं, ताकि वे आपके ध्यान को जकड़ लें।

आप सामग्री को जितना ज़्यादा पसंद करते हैं,
वे इसकी उतनी ही ज़्यादा अनुशंसा करते चले जाते हैं।
आप उतने ही ज़्यादा समय देखते हैं। और उतने ही कम समय सोते हैं।

डिसकनेक्शन यानी खुद को प्रलोभन से दूर रखने से मदद मिलती है, क्योंकि प्रेरणा से यह काम नहीं हो सकता, ख़ास तौर पर अगर संसार के सबसे स्मार्ट मस्तिष्क सातों दिन 24 घंटे सोच रहे हों कि आपको स्क्रीन से चिपकाकर कैसे रखा जाए।

समय पर सोना और बाक़ी हर चीज़ को नहीं कहना - यही आत्म-प्रेम का सबसे बड़ा रहस्य है।

सुविधाभोगी मानसिकता में आकर कभी यह विश्वास नहीं करें कि आपको अब आगे कोशिश करने की ज़रूरत नहीं है!

आपको कड़ी मेहनत से अच्छी नौकरी मिल गई है।

आपको इससे अच्छी नौकरी की कोशिश नहीं करनी चाहिए।

जिन लोगों की आप परवाह करते हैं, उनके साथ आपके अच्छे संबंध हैं।

अब आपको उनकी परवाह करने की कोशिश नहीं करनी चाहिए।

अथक कड़ी मेहनत के बाद आपको छरहरा शरीर मिला है।

आपको अब इसे क़ायम रखने की कोशिश नहीं करनी चाहिए।

ग़लत।

आरामदेह होना मंज़िल है।

ज़्यादा कोशिश करना मार्ग है।

आरामदेह होने की मंज़िल के अगले स्तर पर पहुँचना।

अगर हम सिर्फ़ मंज़िल (आरामदेह होने) में अटके रह जाएँ, तो हम अपने घर को भूल जाते हैं (खुशी)।

खुशी निश्चित रूप से कभी फ़ैशनेबल होने से नहीं मिलती है, जो आरामदेह नज़र आता है।

खुशी तो अपने आराम का गला दबाने से मिलती है, इसलिए हमेशा अपने आरामदेह दायरे के बाहर आरामदेह रहें।

कोई क़दम छोटा नहीं है, बशर्ते यह उसी दिशा में हो, जिधर हम जाना चाहते हैं।

वर्तमान समाज में कड़ी मेहनत और करियर की सफलता का जुनून है। ऐसे में बोरियत को खोजना विद्रोह का काम है।

ख़ाली समय में बोरियत खोजने से आपको अपने वास्तविक स्वरूप में आरामदेह महसूस करने में मदद मिलती है।

अपने खुद के साहचर्य में बोरियत खोजेंगे, तो आपको किसी दूसरे के साहचर्य की चाहत नहीं होगी।

अनवरत दैनिक आदतों में बोरियत खोजें; इससे सफलता अपने आप मिल जाएगी।

हम सफलता चाहते हैं और वहाँ पहुँचने के लिए कड़ी मेहनत करते हैं। आपको पता ही नहीं होता कि सबसे मुश्किल काम नीरस में शांति खोजना है।

लोगों से नहीं कहना मुश्किल लगता है, हालाँकि आप जानते हैं कि आपको ऐसा कर देना चाहिए?

ज़्यादातर ऐसा इसलिए होता है, क्योंकि आप इस बात की चिंता करते हैं कि वे आपके बारे में क्या सोचेंगे।

अगर आप सोशल मीडिया पर सही लोगों के समूह को फ़ॉलो करते हैं, तो अवसर स्वयमेव आएँगे।

क़िस्मत से नहीं!

आप उन्हीं लोगों जैसे बन जाते हैं, जिनके साथ आप समय बिताते हैं - ऑनलाइन भी और ऑफ़लाइन भी।

जीवन के प्रश्नों संबंधी दृष्टिकोण में।

शिकायत करने या समाधान खोजते समय।

नई चीज़ों को नहीं कहते समय या यह पूछते समय कि 'क्या हो' और 'क्यों नहीं।'

हमने जिन लोगों को ऑनलाइन फ़ॉलो करने के लिए चुना है, ये उसके परिणाम हैं।

यह लगभग असंभव है कि आपको बड़े अवसर नहीं मिलें, क्योंकि सही लोगों को फ़ॉलो करने पर आप अपने जीवन को इस तरह बनाना सीख लेते हैं, ताकि आपको नए अवसर मिलें।

मेरी आदतों की एक झलक

हालाँकि आप अब तक जान चुके होंगे कि मैं आदतों के बारे में क्या सोचता हूँ, लेकिन यहाँ मैं बता रहा हूँ कि आदतें मेरे ज़रिये कैसे सोचती हैं।

मेरी आदतों की झलक

आदत 1

मैं हमेशा अपने साथ नोटबुक रखता हूँ।

मैं स्कूल के विद्यार्थी की तरह नोट्स लेता हूँ।

मैं कैलेंडर में काम लिख लेता हूँ।

मैं भविष्य में खुद को ईमेल भेजता हूँ।

मेरे मस्तिष्क की ऊर्जा सोचने में ख़र्च होनी चाहिए। याद रखने में नहीं!

आदत 2

हर चीज़ को लिखें!

मेरे पास तीन नोटबुक रहती हैं

1. विचार।
2. दिन की कार्यसूचियाँ।
3. मीटिंग नोट्स।

और मैं चीज़ों को लिखता हूँ।

लिखने से मस्तिष्क समझ जाता है कि यह महत्त्वपूर्ण है।

और इससे मुझे कोई चीज़ 'याद रखने' की जहमत नहीं उठानी पड़ती।

आदत 3

मैं हर चीज़ अपने कैलेंडर पर लिख लेता हूँ।

मेरा कैलेंडर मेरे जीवन की डोर है।

हर चीज़ मेरे कैलेंडर पर होती है।

चुकाने वाले बिल, जन्मदिन, लिखने के टॉपिक, साप्ताहिक दिनचर्याएँ।

मेरा आधे से ज़्यादा जाग्रत समय उन चीज़ों में बीतता है, जो महत्त्वपूर्ण हैं, लेकिन अर्जेन्ट यानी अत्यावश्यक नहीं है!

आदत 4

मैं खुद के लिए ईमेल्स लिखता हूँ, भविष्य में।

मेरी दिलचस्पी बहुत-सी चीज़ों में है, इसलिए प्राथमिकता तय करना महत्त्वपूर्ण हो जाता है।

और मेरे लिए प्राथमिकता तय करने का मतलब शेड्यूल बनाना है।

भावी ईमेल्स उस उद्देश्य को पूरा करते हैं।

आदत 5

हर संभव चीज़ के लिए टेक्नोलॉजी का इस्तेमाल करना।

बहुत सारे काम आपका समय खा जाते हैं, लेकिन आपको आगे नहीं बढ़ाते हैं।

उन्हें सुलझाने के लिए टेक्नोलॉजी का इस्तेमाल करने के बारे में सोचें।

आदत 6

अपनी पत्नी के साथ अपना कैलेंडर शेयर करना।

मज़ाक़ में मैं यह बताना चाहूँगा कि इससे पूरा नक़्शा ही बदल जाता है।

उसका कैलेंडर पर शत-प्रतिशत अधिकार होता है, इसलिए वह मेरे कैलेंडर में चीज़ें जोड़ सकती है, उनमें फ़ेरबदल कर सकती है और हटा भी सकती है।

जब पारिवारिक समारोहों, कार्यक्रमों, जन्मदिन या उसकी किसी मनचाही चीज़ के मामले में मुझे कुछ नहीं सोचना पड़ता।

वह बस इसे मेरे कैलेंडर में जोड़ देती है।

अधिकतम उत्पादकता!

आदत 7

मेरे दो वाट्सएप सेल्फ़-ग्रुप्स हैं।

वाट्सएप पर किसी व्यक्ति के साथ एक ग्रुप बनाएँ।

इसके बाद उस व्यक्ति को डिलीट कर दें।

अब उस ग्रुप में आप अकेले ही हैं।

उस ग्रुप को सबसे ऊपर पिन कर दें।

फिर आसान पहुँच और याद रखने के लिए इसका इस्तेमाल करें।

1. दस्तावेज़/चित्र

   यहाँ मैं अपने सबसे महत्त्वपूर्ण दस्तावेज़ों के चित्र रखता हूँ (पैन कार्ड, लाइसेंस कॉपी, पासपोर्ट कॉपी आदि) या फिर तुरंत महत्त्वपूर्ण चीज़ें (जैसे टिकट)।

2. विचार

   इसका इस्तेमाल मैं व्यस्तता के समय में कुछ भी टाइप करने या किसी चीज़ को क्लिक करने या किसी चीज़ की रिकॉर्डिंग या शूटिंग करने के लिए करता हूँ।

आदत 8

दोपहर की झपकी मेरी दैनिक आदत है।

बचपन में माँ ज़ोर देती थीं कि हम लंच के बाद एक घंटे के लिए सोएँ।

बाद में मुझे इसकी आदत पड़ गई।

चीन और कोरिया की यात्रा के दौरान मैंने देखा था कि ऑफ़िसों में भी दोपहर को झपकी लेने की संस्कृति थी (टेबल पर सिर नीचे करके)।

इस पर कभी नियरबाई में अमल नहीं किया, लेकिन इस पर व्यक्तिगत रूप से अमल किया।

मैं ऑफ़िस में रहते समय 15 मिनट की पॉवर नैप लेता था। नियरबाई से बाहर आने के बाद मैंने एक घंटे की झपकी लेने की कोशिश की है।

मेरी बेटी और मैं एक साथ सोते हैं। इससे बेहतर कुछ महसूस नहीं होता।

आदत 9

सही परिवेश तय करना बेहद महत्त्वपूर्ण होता है।

मैं पलंग पर बैठकर कभी काम नहीं करता, हमेशा टेबल पर ही करता हूँ।

मैं कभी लेटकर नहीं पढ़ता, हमेशा कुर्सी पर बैठकर ही पढ़ता हूँ।

मैं कोई चीज़ देखते समय कभी नहीं खाता हूँ।

मैं कभी अँधेरे कमरे में काम नहीं करता हूँ। हमेशा प्राकृतिक प्रकाश।

जब घर से काम करने की बात आती है, तो काम करते समय पायजामे के बजाय 'ऑफ़िस की पोशाक' पहन लें - यह अवचेतन रूप से आपके दिमाग़ को आरामदेह दायरे में रखता है।

प्रवाह उत्पन्न करते समय अपने परिवेश को कम आँकने की कोशिश नहीं करें!

आदत 10

जो महत्त्वपूर्ण है (लेकिन अत्यावश्यक नहीं है), उसके लिए इंद्रियात्मक हुक बनाएँ।

प्रजाति के रूप में हमारी इंद्रियाँ हमारी ख़ातिर काम करने के लिए विकसित हुई हैं। हम जो देखते हैं, सूँघते हैं, स्पर्श करते हैं, सुनते हैं और स्वाद लेते हैं, वही हमारी लगभग सारी प्रतिक्रियाओं को संचालित करता है।

मैं अपनी इंद्रियों का इस्तेमाल कर्म को प्रेरित करने के लिए करता हूँ।

सोते समय अपना फ़ोन दूसरे कमरे में रख दें।

अपने डम्ब-बेल यानी डम्बल अपने बिस्तर के ठीक बगल में रख लें।

पुस्तक को वहाँ रखें, जहाँ यह आपको आसानी से दिखती रहे।

अपने अलार्म में वह गाना लगा लें, जो आपको प्रेरित तथा प्रोत्साहित करे।

अपने दिन की शुरुआत में अपना प्रिय डियो/परफ़्यूम लगाएँ।

ये चीज़ें असरदार होती हैं!

जब संसार प्रगति करता है, तो आलस में लुढ़कना और सुस्त महसूस करना ज़्यादा आसान होता जा रहा है। और यह उतना ही आसान होता जा रहा है कि आप सुस्ती से बाहर निकलें और सक्रिय हो जाएँ।

यह तो सच कहें, तो इरादे का मामला है।

यह अब क्षमता का मामला नहीं है।

ना ही पहुँच का।

मानव मन प्रगति करते समय ख़ुश और संतुष्ट महसूस करने के लिए बना है।

अपने जीवन को ऐसे अंदाज़ में ढालें, ताकि आप इस प्रगति को माप सकें।

आपकी उत्पादकता में छोटे से छोटा सुधार भी समय के साथ परिणाम देगा।

खंड 3

जागरूकता

जब भी कोई मुझसे पूछता है कि आज के अनुभव के आधार पर मैं 20 साल की उम्र वाले अपने स्वरूप को क्या सलाह दूँगा, तो मेरा एक ही जवाब होता है :

'यह सुनिश्चित करें कि आप जीवन में निर्णय अज्ञान नहीं, बल्कि जागरूकता के दृष्टिकोण से लें।'

जो भी मैं ऑनलाइन करता हूँ, वह लोगों को ज़्यादा जागरूक बनाने और बेहतर चयन करने में उनकी मदद करने के लिए होता है।

मैं अपनी टीम से भी यही कहता हूँ। हम सामग्री उत्पन्न नहीं कर रहे हैं। हम तो जागरूकता उत्पन्न कर रहे हैं, जिससे लोगों को बेहतर निर्णय लेने में मदद मिलती है।

उम्मीद है कि आगे के पन्नों में जागरूकता पर मेरी बातें आपकी मदद करेंगी।

अगर कोई चीज़ सभी करते हैं, तो उसे कहने की ज़रूरत नहीं होती।

हर व्यक्ति व्यायाम नहीं करता। इसलिए इसे ज़्यादा बार कहने की ज़रूरत है।

हर व्यक्ति अपनी टीम के साथ समय नहीं बिताता।

इसलिए सर्वश्रेष्ठ लीडर इसे ज़्यादा बार कहते हैं।

हर व्यक्ति जरनल नहीं लिखता। इसलिए सबसे समझदार लोग यह आदत डालने में हमारी मदद करते हैं।

हर व्यक्ति टीवी देखता है, इसे कहने की ज़रूरत नहीं है।

हर व्यक्ति पिज़्ज़ा खाता है, इसे कहने की ज़रूरत नहीं है।

हर व्यक्ति के पास स्मार्टफ़ोन है, इसलिए यह कहने की ज़रूरत नहीं है कि स्मार्टफ़ोन ख़रीदो।

जो चीज़ें सबसे महत्त्वपूर्ण हैं और जिन पर सबसे कम अमल किया जाता है, उन्हीं को कहा जाता है।

जो चीज़ें सबसे महत्त्वपूर्ण हैं, वही चीज़ें आपको महत्त्वपूर्ण बनाती हैं।

जीवन में मेरे ज़्यादातर निर्णय इसलिए नहीं लिए गए, क्योंकि मुझे निर्णय पर विश्वास था।

वे तो स्थिति के बारे में मेरी जागरूकता के कारण लिए गए थे।

मुझे यक़ीन नहीं था कि मेरी पीएचडी अधूरी छोड़ना एक अच्छा निर्णय है।

मुझे यक़ीन नहीं था कि आईएसबी जाना एक अच्छा निर्णय है।

मुझे यक़ीन नहीं था कि कंपनी की नौकरी छोड़कर स्टार्टअप शुरू करना सही है।

मुझे यक़ीन नहीं था कि ये सही निर्णय थे।

लेकिन मैं यक़ीन के साथ जानता था कि मैं विद्यमान परिस्थितियों को क़ायम नहीं रखना चाहता था और समझौता नहीं करना चाहता था।

मैं जानता था कि मुझे वे निर्णय लेने थे, क्योंकि मैंने बाक़ी सभी विकल्पों को टटोलकर देख लिया था।

मैं जानता था कि मुझे वे निर्णय लेने थे, क्योंकि मुझे बाद में अफ़सोस होगा कि मैंने उन्होंने क्यों नहीं लिया।

मैं नहीं जानता कि वे निर्णय सही थे या ग़लत।

लेकिन बाक़ी सभी विकल्पों के बारे में जागरूक होने के बावजूद उन निर्णयों को नहीं लेना निश्चित रूप से ग़लत निर्णय होता।

निर्णय मंज़िलों को समझने के लिए नहीं हैं।

निर्णय तो उस मार्ग को समझने के लिए हैं, जिस पर आप इसके बाद चलना चाहते हैं।

हमारे काम हमारी इस भावना से संचालित होते हैं कि लोग हमारे बारे में क्या महसूस करते हैं!

इससे यह सवाल उठता है, हम किसका जीवन जी रहे हैं?

हम दूसरों को ख़ुश करने के लिए काम करते हैं, जबकि हम उसे नहीं करना चाहते।

जब हम अपनी दिन की नौकरी से नफ़रत करते हैं और अपने पसंदीदा काम को वीकएंड में करते हैं, लेकिन दोस्तों का दिल रखने के लिए बाहर घूमने चले जाते हैं।

जब हम निश्चित समय पर सोने की आदत डालने की कोशिश कर रहे हों, लेकिन पार्टियों में चले जाएँ।

हम ज़रूरत से ज़्यादा बार हाँ इसलिए कह देते हैं, क्योंकि हम चाहते हैं कि लोग हमारे बारे में अच्छा महसूस करें!

इन छोटी-छोटी ग़द्दारियों की वजह से हम अंत में बदतर महसूस करते हैं।

संसार उन लोगों से भरा है, जो किसी दूसरे की ख़ातिर अपना जीवन जी रहे हैं। सच्ची तरह से जिया जीवन वह होता है, जिसमें हम अपने असली स्वरूप के प्रति सच्चे रहते हैं।

यह मुश्किल है। लेकिन किसी दूसरे का जीवन जीने से ज़्यादा मुश्किल नहीं है।

भावनात्मक क़र्ज़ की वजह से इतने लोग मरे हैं, जितने वित्तीय क़र्ज़ से नहीं मरे।

अपने माता-पिता को 'आई लव यू' कभी नहीं कहने का क़र्ज़।

जो दोस्त हमेशा आपका साथ देता था, उससे कभी माफ़ी नहीं माँगने का क़र्ज़।

अपनी ख़ुशी की ख़ातिर कभी नहीं जीने का क़र्ज़, क्योंकि आप दूसरों को ख़ुश करने में ही लगे रहे।

पैसा आता-जाता रहता है।

हम किसी दिन वित्तीय क़र्ज़ चुकाने की स्थिति में पहुँच सकते हैं।

लेकिन भावनात्मक क़र्ज़ बढ़ता चला जाता है और यह हमें जीवन में हर दिन सालता रहेगा!

अगर दो विकल्पों में से किसी के बारे में पक्का नहीं हो, तो दोनों को चुनना लगभग हमेशा ग़लत प्रतिक्रिया होती है।

आप पैसा चाहते हैं या शक्ति?

आप ज़बर्दस्त कॉलेज चाहते हैं या ज़बर्दस्त कोर्स चाहते हैं?

आपको वेतन के पीछे जानना चाहिए या ब्रांड के पीछे जाना चाहिए?

आप कह सकते हैं दोनों।

और इस तरह आप समझौते या अनिर्णय का जीवन जी सकते हैं।

या फिर आप उसे चुन सकते हैं, जो आप करना चाहते हैं।

और उसमें सफल हो सकते हैं।

या अगर आप सफल नहीं होते हैं, तो आपने जो साहस दिखाया है, आप उससे सीख सकते हैं।

दोनों विकल्पों में से किसी एक को चुनने से हम सीखते हैं।

दोनों को चुनने से दुविधा खड़ी हो जाती है।

शांत रहना एक योग्यता है।

शांत रहना, जब आपकी हँसी उड़ाई जा रही हो।

शांत रहना, जब आपको अकेला छोड़ दिया गया हो।

शांत रहना, जब आपका उपहास किया जा रहा हो।
शांत रहना, जब आपको अकेला छोड़ दिया गया हो।
शांत रहना, जब आप पर सवाल उठाए जा रहे हों।

इसलिए नहीं, क्योंकि वे सही थे। शायद वे थे। शायद वे नहीं थे।

बल्कि इसलिए, क्योंकि अगर आप अपनी शांति खो देते हैं, तो आप अप्रिय चीज़ को सुधारने के बजाय उसे कई गुना बढ़ा लेते हैं।

जब परिस्थितियाँ शांतिपूर्ण हों, तो कोई भी शांत रह सकता है।

तूफ़ान में शांत रहना एक शक्तिशाली योग्यता है।

कोई व्यक्ति अपने बोझ को अच्छी तरह उठाता है, इसका यह मतलब नहीं है कि यह भारी नहीं है।

हर व्यक्ति भारी बोझ उठाता है।

दूसरों के प्रति दयालु बनें।

डर की वजह से जितनी टालमटोल होती है, उतनी आलस की वजह से कभी नहीं होती।

आप इसलिए टालमटोल नहीं करते हैं, क्योंकि

आप आलसी हैं।

आप तो इसलिए टालमटोल करते हैं, क्योंकि
आप डर जाते हैं।

अगर मैं असफल हो गया, तो क्या होगा?

अगर मैं सफल हो गया, तो क्या होगा?

अगर मेरा जीवन इसके बाद व्यवस्थित हो जाएगा, तो क्या होगा?

अगर मुझे अस्वीकृति मिली, तो क्या होगा?

आप आलसी नहीं हैं। आप तो बस खुद से दूसरी तरफ़ मिलने के लिए तैयार नहीं हैं।

क्योंकि तब आपके पास वे कारण नहीं होंगे और आप भयरहित जीवन जीने के आदी नहीं हैं।

अपनी उपलब्धि में सुरक्षा खोजना सबसे बड़ी उपलब्धि है।

आपसे कम उम्र का कोई व्यक्ति हमेशा आपसे ज़्यादा पैसे बनाने जा रहा है।

यह सच्चाई है।

लेकिन अगर आप सफलता पाने के बाद भी ईर्ष्यालु हैं, तो क्या आप सचमुच सफल हैं?

संसार संतुष्टि से नफ़रत करता है। मुझे यक़ीन है कि संतुष्टि वह सबसे शक्तिशाली योग्यता है, जो आपके पास हो सकती है।

आपकी यात्रा में संतुष्टि।

आप कितनी दूर तक आ गए हैं, इस बात पर संतुष्टि।

अपने अवांछित हिस्सों को बाहर निकालने में संतुष्टि।

आपकी संतुष्टि में संतुष्टि!

जब आप सचमुच संतुष्ट होते हैं, तभी आपको दूसरे पहाड़ों पर चढ़ने की अपनी यात्रा में मज़ा आएगा। वरना आप हमेशा आस-पास ही देखते रहेंगे और अपनी खुद की यात्रा के भव्य नज़ारे को नहीं देख पाएँगे!

शांति को आग की कमी नहीं मानें।

शांति का मतलब प्रेरणा की कमी नहीं है।

इसका मतलब तो उस प्रेरणा को कार्यों में बदलने की शक्ति है।

शांत लोगों में सबसे ज़्यादा आग होती है, क्योंकि वे साहसिक चीज़ें करने के लिए अपने साहस का इस्तेमाल करते हैं और अपने अंदर की आग का इस्तेमाल बोलने में नहीं करते हैं।

शांति ही अग्नि है।

क्योंकि यह वह आग है, जो विचारों पर क्रियान्वयन करती है।

यह विचारों को कर्म में बदलती है।

और अस्पष्ट संभावनाओं को स्पष्ट करती है।

आपकी आत्मचर्चा आपके आत्म-मूल्य को तय करती है।

हम और कुछ नहीं, बल्कि वे कहानियाँ हैं, जो हम खुद को बताते हैं।

मैं पराजित हूँ! मैं कभी जल्दी नहीं उठ सकता! मेरी कभी लोगों के साथ पटरी नहीं जम सकती!!

या

छोटे-छोटे क़दम उठाकर मैं यह काम कर सकता हूँ!
मैं अकेला ही काफ़ी हूँ!
मैंने अतीत में इससे ज़्यादा मुश्किल काम किए हैं!

हर सुबह हम जागते हैं। एक ऐसा जीवन जीने के लिए, जो हमारी कहानियों के अनुरूप चलता है।
दर्पण में खुद को देखते समय।
हम हमेशा उस कहानी को बदल सकते हैं, जो हम खुद को बताते हैं।

निर्णय नहीं ले रहे हैं, क्योंकि आप ग़लत निर्णय लेने से डरते हैं?

अगर आप हिलते नहीं हैं, तो आप पहले ही ग़लत निर्णय ले चुके हैं।

जब आप कोई निर्णय लेते हैं, तो आप या तो सफल होंगे। या फिर नहीं होंगे।

अगर आप सफल होते हैं, तो आप जान जाएँगे कि जीवन कैसे काम करता है।

अगर आप सफल नहीं होंगे, तो आप जीवन बदलने वाला सबक़ सीखेंगे।

लेकिन इनमें से कुछ भी नहीं होगा, अगर आप वहीं बने रहें, जहाँ आप हैं।

गतिशीलता से प्रगति होती है।

स्थिरता से अफ़सोस बढ़ता है।

जीवन में मुश्किल निर्णय लेने के लिए सर्वश्रेष्ठ मानसिक मॉडल?

1. खुद से पूछें, 'वह सबसे बुरी चीज़ क्या है, जो हो सकती है?'
2. अपनी आँखें बंद करके इसके होने की स्पष्ट कल्पना करें।
3. फिर पूछें, 'क्या मैं इसके बावजूद ठीक रहूँगा - मानसिक रूप से, सामाजिक रूप से, वित्तीय दृष्टि से, शारीरिक रूप से, भावनात्मक रूप से?'

अगर हाँ, तो फिर वह काम कर दें।

अगर आप असफल हो जाते हैं, तो वह व्यक्ति कौन है, जिसे आप सबसे ज़्यादा निराश करेंगे?

आप उन्हें नीचा दिखाने के डर से खुद को आज़ाद क्यों नहीं कर लेते?

हममें से ज़्यादातर लोगों के मामले में वे व्यक्ति हमारे माता-पिता होते हैं।

हम इस डर में जीते हैं कि कहीं हमारी वजह से उन्हें नीचा नहीं देखना पड़े।

लेकिन हम शायद ही कभी उनसे बातचीत करते हैं।

हम उनसे कभी अनुमति नहीं लेते हैं। असफल होने की।

जब हमारा सबसे क़रीबी कोई व्यक्ति हमें यह बताता है कि वह हर स्थिति में हमसे प्रेम करेगा, तो हममें हर चीज़ का सामना करने की हिम्मत आ जाती है।

उनसे आज ही बात करें।

और उन्हें बता दें। 'मैं यह जानना चाहता हूँ कि क्या बुरी से बुरी स्थिति में भी आप मुझसे प्यार करेंगे और मेरा सम्मान करेंगे।'

वे कभी इंकार नहीं करेंगे!

अगर आपको इसे करने में आनंद नहीं आ रहा है, तो लोग समझ जाएँगे।

आप इसे हर जगह देख सकते हैं - सब्ज़ी वाला, जो अपने काम का आनंद ले रहा है या ऊँचे वेतन वाला एक्ज़ीक्यूटिव, जो अपने काम में बहुत दुखी है।

ख़ुशी (और मज़ा) एक ऐसी भाषा है, जो आपके चेहरे और आँखों के ज़रिये संप्रेषित होती है।

यह थोपी नहीं जाती है।

यह उसके ज़रिये बोलती है, जो आप हैं।

यह एक ऐसी चीज़ है, जिसे आप कभी नहीं छिपा सकते।

यह इसके बारे में सबसे अच्छी बात है। और सबसे बुरी भी।

वह काम जो आपने अब तक पूरा नहीं किया है और इसे नहीं करने पर आप खुद से नाराज़ हैं?

ऐसा सिर्फ़ इसलिए है, क्योंकि उस काम को आप प्राथमिकता नहीं देते हैं।

आप सोचते हैं कि आपके पास अब भी समय है।

अधूरी कलाकृति आपके लिए प्राथमिकता नहीं है।

अपनी माँ को पत्र लिखना प्राथमिकता नहीं है।

और अपने कमरे को साफ़ करना भी नहीं है।

आप सोचते हैं कि आपके पास समय है। लेकिन आपके पास जो एकमात्र चीज़ नहीं है, वह है समय!

प्राथमिकताएँ पहली नज़र में ही दिख जाती हैं।

टालमटोल समस्याओं को जन्म देती है।

जीवन में ज़्यादातर निर्णय पलटे जा सकते हैं।

लेकिन हम उन्हें पत्थर की तरह अटल मान लेते हैं।

जिस पल हम सोचते हैं कि निर्णय पलटे जा सकते हैं, हम आकस्मिक सौभाग्य को हमारे जीवन में आने का मौक़ा देते हैं!

हम ज़्यादातर निर्णय लेने के बाद उन्हें बदल सकते हैं।

हममें से ज़्यादातर लोग ऐसा नहीं सोचते हैं, क्योंकि हम निर्णयों को परिणामों से जोड़ देते हैं।

अगर हम यह जानते हुए निर्णय लें कि उन्हें पलटा जा सकता है, तो हम पाएँगे कि आगे कितना कुछ है, सिर्फ़ इसलिए, क्योंकि हम निर्णय लेकर उन पर काम करते हैं।

आकस्मिक सौभाग्य उनके पास नहीं आता है, जो परिणामों से प्रेम करते हैं। यह तो उन्हें मिलता है, जो प्रक्रिया से प्रेम करते हैं।

नहीं कब कहना है,
यह मालूम होना
और कहना जीवन की
बहुत बड़ी योग्यता है।

अगर आप प्रामाणिक हैं, अगर आप हर समय अपने वास्तविक स्वरूप में रहते हैं - तो आपके सामने कोई प्रतिस्पर्धा नहीं है!

आप जैसा होने में आपको कभी कोई नहीं हरा सकता!

गाने से प्रेम करते हैं? बेहतरीन! 'गाने में आप जैसा होने' में कोई आपको नहीं हरा सकता।

स्टार्ट अप कंपनी शुरू करने के बजाय नौकरी करने से प्रेम करते हैं?

कोई भी काम में आनंद लेने में आपको कभी नहीं हरा सकता!

ऐसे संसार में जहाँ लोग हर दूसरे व्यक्ति जैसा बनने की होड़ कर रहे हैं, अपने जैसा होना परम पुरस्कार है।

धन, सफलता, सांसारिक खुशियाँ - हर चीज़ उस व्यक्ति के पीछे आती है, जो वही बनने का चुनाव करता है, जो वह है।

धन, सफलता, सांसारिक खुशियाँ - आनंद के अलावा हर चीज़ उस व्यक्ति को मिल सकती है, जो दूसरों को खुश करने की ख़ातिर अपने वास्तविक स्वरूप को छोड़ देता है।

आपको क्या करने की ज़रूरत है, सिर्फ़ यह जानना ही इसे करने के लिए काफ़ी नहीं है!

जागरूकता निर्णय की शुरुआत है।

अंत नहीं है।

पहला क़दम है जागरूकता।

दूसरा क़दम है क्रियान्वयन।

तीसरा क़दम है दोहराव।

आप कहीं नहीं पहुँच पाएँगे, अगर आप जागरूक होने के बावजूद कुछ नहीं करते हैं।

आप हर जगह पहुँच सकते हैं, अगर आप जागरूक हों और उस जागरूकता के आधार पर काम करें।

आप जागरूक हैं। आप उस काम को करते हैं। आप सीखते हैं। अब आप ज़्यादा जागरूक बन जाते हैं। और आप इस चक्र को जारी रखते हैं।

खुद को कभी नहीं जानने और चूहा दौड़ में व्यस्त रहने के बजाय खुद को खोजने की दौड़ में व्यस्त रहना बेहतर है।

छह महीने पहले शायद आप अपनी दिन की नौकरी के साथ-साथ संगीत में क़िस्मत आज़मा रहे थे। आप तब इसे पसंद करते थे; लेकिन आप संगीत से ज़्यादा प्रेरित थे। अब आप छोटे बैंडों के गीतकार बन गए हैं और अपनी दिन की नौकरी कर रहे हैं।

संसार इसे ख़ामख़्वाह की दौड़ कह सकता है।

उसे कहने दो।

यह उस काम को मन मारकर करने से बहुत बेहतर है, जिससे आप नफ़रत करते हैं।
सिर्फ़ इसलिए, क्योंकि हर व्यक्ति यही करता है।

किसी सार्थक चीज़ के लिए कुछ खोना बेहतर है।
बजाय हर अर्थहीन चीज़ में खो जाने के।

दूसरों से अपनी तुलना करना समय की सबसे बड़ी बरबादी है।

हर व्यक्ति की शुरुआत अलग-अलग हुई थी।

उनके माता-पिता के स्वभाव अलग-अलग थे।

उन सबकी अलग-अलग रुचियाँ और शौक थे।

उनके माता-पिता की सफलता की परिभाषाएँ अलग-अलग थीं।

उनके अलग-अलग शिक्षक थे, जिन्होंने उन्हें संसार से तालमेल बैठाना सिखाया।

और आप किसी दूसरे से ज़्यादा स्मार्ट बनने की उम्मीद कर रहे हैं!

यह आपकी यात्रा का अपमान है। और यह उसका भी अपमान है, जिसे आपने यहाँ तक पहुँचने के लिए झेला है।

अगर आप सचमुच तुलना करना चाहते हैं, तो अपनी तुलना अतीत के अपने स्वरूप से करें।

हमारे पास हमेशा दो विकल्प होते हैं :

1. आसान विकल्प

2. सही विकल्प

सौंपा गया काम देर से पूरा करना आसान है।

समयसीमा में काम पूरा करना सही चीज़ है।

किसी सहकर्मी के बारे में गपशप करना आसान है। उसके दृष्टिकोण को समझना सही चीज़ है।

आसान चीज़ को करना आसान है। सही चीज़ को करना कभी भी ग़लत नहीं होता।

आसान चीज़ करने पर आपको तुरंत पुरस्कार मिल जाएगा।

सही चीज़ करने पर आपको अंततः पुरस्कार मिलेगा।

हमें चीज़ों की लत नहीं होती।

हमें तो उन भावनाओं की लत होती है, जो वे चीज़ें उत्पन्न करती हैं!

वह कार, वह फ़ोन, वह सोशल मीडिया की स्क्रॉलिंग, सोशल मीडिया के लाइक्स, कपड़ों का वह ब्रांड, वह रेस्तराँ, वह व्यंजन - ये सारी चीज़ें सिर्फ़ चीज़ें हैं।

हमें जिसकी लत होती है, वह इन चीज़ों द्वारा उत्पन्न अहसास है।

खुद के बारे में।

ये चीज़ें ग़लत नहीं हैं।

ग़लत तो अपनी भावनाओं को समझने की हमारी अयोग्यता है।

सिर्फ़ नौकरी, पदनाम, कंपनी, भूमिका या वेतन की तलाश में कॉलेज नहीं जाएँ।

खुद की तलाश में कॉलेज जाएँ।

'मैं किसमें अच्छा हूँ?'

'किस चीज़ में मुझे ख़ुशी मिलती है?'

कॉलेज का उद्‌देश्य सिर्फ़ शिक्षा नहीं है। शिक्षा तो इंटरनेट पर आसानी से और बहुत ज़्यादा मात्रा में उपलब्ध है।

कॉलेज का उद्‌देश्य तो यह पता लगाना है कि आपको किसमें आनंद आता है।

कॉलेज का उद्‌देश्य अलग-अलग चीज़ों को टटोलना है, किसी एक चीज़ पर ठहरना नहीं है।

कॉलेज का उद्‌देश्य खुद को खोजना है!

ऑनलाइन कोर्स करें। इंटर्नशिप करें। सीखें कि नेटवर्किंग कैसे करना है। ऑनलाइन कम्युनिटीज़ में शामिल हों। फ़्रीलांसिंग करें। स्टार्टअप शुरू करें। अकेले यात्रा करें।

जितनी कुर्सियों पर बैठ सकते हों, बैठें और उसके बाद उस एक कुर्सी को चुनें, जिस पर बैठकर आपको महसूस होता है कि वह आपकी सही जगह है।

अगर आप पूछते नहीं हैं, तो जवाब हमेशा नहीं रहता है।

हमारे पास हमेशा विकल्प होते हैं।

कोई भी कभी विकल्पहीन नहीं होता।

हम बस उन विकल्पों को चुनने से डर जाते हैं।

हम हमेशा जानते हैं कि क्या करना है। हम डरते हैं कि हमारा सबसे अच्छा दोस्त क्या कहेगा। हम डरते हैं कि हमारा पड़ोसी क्या बुराई करेगा। सबसे बढ़कर, हम असफल होने या कोशिश करने से भी डरते हैं।

इसलिए हम वहीं रह जाते हैं, जहाँ हम हैं।

सुरक्षित रहना अफ़सोस करने से बेहतर है।
नहीं।
जोखिम अफ़सोस से बेहतर होता है।

जो लोग उम्र के दूसरे दशक में हैं

अपने आस-पास देखें।

लोग अफ़सोस से भरे हैं।

समझें कि उन्हें अफ़सोस क्यों हुआ।

इससे आपको पता चल जाएगा कि क्या नहीं करना है।

जो लोग दूसरे दशक के पार हैं

खुद की तरफ़ देखें।

आप अफ़सोस से भरे हैं।

आप अफ़सोस के कारण जानते हैं।

इस बारे में दूसरों को बताएँ, ताकि वे जान जाएँ कि क्या नहीं करना है।

उस व्यक्ति को नहीं चुनें, जिससे सीखना है।

उस सीख को चुनें, जो आप उनसे सीखते हैं।

संसार में सबसे ख़तरनाक लोग वे नहीं हैं, जो अज्ञानी हैं।

ये तो वे अज्ञानी लोग हैं, जो खुद को सही मानते हैं!

आप उसे नियंत्रित नहीं करते हैं, जो संसार आपके बारे में कहता है।

आप तो उसे नियंत्रित करते हैं, जो संसार के आपके बारे में कुछ कहने के बाद आप कहते हैं।

संसार हमेशा आपके बारे में बातें करेगा। इससे आपको हैरान नहीं होना चाहिए।

उन बातों को सुनने के बाद आप जो निर्णय लेते हैं, वही परिणाम हैं। आप उन्हें नियंत्रित कर सकते हैं।

आप कैसे प्रतिक्रिया करते हैं, उसी आधार पर संसार आगे से आपके साथ व्यवहार करेगा।

यानी आप संसार पर जिस तरह प्रतिक्रिया करते हैं, उससे एक तरह से आप संसार को सिखाते हैं कि यह आपके साथ कैसा व्यवहार करे।

आपने किसी ऐसी चीज़ को करने में बरसों बिता दिए हैं, लेकिन अब आपको उसमें मज़ा नहीं आता?

भविष्य के बारे में सोचें, उसके बारे में नहीं जो अतीत में रह गया है!

जो हुआ, सो हुआ। यह चाहे अच्छा हो या बुरा, आप इसे नहीं बदल सकते।

लेकिन जिस दिन आपको अहसास हो जाए कि आप जो कर रहे हैं, वह अब आपके लिए कारगर नहीं है, तो आपको दो विकल्पों में से किसी एक को चुनना होता है :

1. उसी काम को जारी रखना, क्योंकि 'मैंने इसे करने में बहुत समय लगाया है'
2. विचार करना कि आगे क्या संभव है

जब आप अतीत से चिपके रहते हैं, तो आप अपने भविष्य को आकार देने से वंचित रह जाते हैं।

अतीत चाहे जितना मेहनत भरा, चमकदार और भव्य रहा हो, अगर यह वर्तमान में प्रासंगिक नहीं है, तो इसे खींचकर भविष्य में ले जाने में रत्ती भर भी समझदारी नहीं है।

लोग आपकी मदद तभी करेंगे, जब आप यह स्पष्ट कर दें कि वे आपकी मदद कैसे कर सकते हैं।

मदद पाने का सबसे अच्छा तरीक़ा यह है कि आप लोगों के लिए आपकी मदद करने को ज़्यादा आसान बना दें।

मदद करने के काम को ज़्यादा आसान बनाने का सर्वश्रेष्ठ तरीक़ा यह है कि आप स्पष्ट बनें।

स्पष्ट बनने का सबसे अच्छा तरीक़ा यह विचार करना है कि आपको किस ख़ास जगह मदद चाहिए। और क्यों?

‘मैं कर सकता था’ और ‘मैंने किया’ के बीच की दूरी अफ़सोस है।

मैं अमेरिका में अपनी पीएचडी पूरी कर सकता था और उसमें अच्छा प्रदर्शन कर सकता था, हालाँकि इससे मुझे खुशी नहीं मिलती थी।

या

मैंने अपनी पीएचडी अधूरी छोड़ दी, भारत लौट आया, यह नहीं जानता था कि इसके बाद क्या करना है, 15,000 रुपये प्रति माह की नौकरी की और 14 लाख रुपये का लोन लेकर पाँच साल पुराने बिज़नेस स्कूल में चला गया।

लेकिन मुझे आरामदेह दायरे को छोड़ने की आत्म-संतुष्टि मिली और अपने निर्णय पर अमल करने की, सिर्फ़ इसलिए क्योंकि मुझे महसूस हुआ कि इससे मुझे खुशी मिल सकती है। और इससे मिली!

मैं इस सवाल का जवाब नहीं देना चाहता था, ‘अगर आपको पीएचडी में खुशी नहीं मिल रही थी, तो आपने इसे अधूरी छोड़कर यह पड़ताल क्यों नहीं की कि आपको किस चीज़ में खुशी मिल सकती है?’

मैं जिस सवाल का जवाब नहीं देना चाहता था, वह था, 'क्या होता अगर?'

संसार में सबसे मुश्किल चीज़ खुद को बताना है कि यह ज़रा भी मुश्किल नहीं है।

जल्दी जागना मुश्किल नहीं है।
पैसे बनाना मुश्किल नहीं है।
अजनबियों से बातचीत शुरू करना मुश्किल नहीं है।
प्रेम का इज़हार करना मुश्किल नहीं है।
कोल्ड ईमेल भेजना मुश्किल नहीं है।
वेतन बढ़ाने की माँग करना मुश्किल नहीं है।
प्रश्न पूछना मुश्किल नहीं है।
अपनी राय व्यक्त करना मुश्किल नहीं है।

मुश्किल तो अपने दिमाग़ को यह विश्वास दिलाना है कि यह मुश्किल नहीं है।
कि आप यह कर सकते हैं।

अगर आप हारने से डरते हैं तो आप पहले ही हार चुके हैं!

हार एक परिणाम है।

डर एक इनपुट है।

आप अपने परिणामों को नियंत्रित नहीं कर सकते।

लेकिन आप हमेशा अपने इनपुट को नियंत्रित कर सकते हैं।

अगर आप हार से डरकर कोशिश नहीं करते हैं, तो आपने हारने के इनपुट को सक्रिय कर दिया है।

जब आप अपने इनपुट को तय कर लेते हैं, तो आप अपने आउटपुट को भी तय कर लेते हैं - हारने के।

आपके जीवन के सबसे यादगार पलों के साथ स्वतंत्रता का अहसास जुड़ा होगा।

परीक्षा में पास होने का पल, क्योंकि अब आप वित्तीय दृष्टि से स्वतंत्र हो जाएँगे!

ध्यान में श्रद्धामिश्रित विस्मय के वे पल, जब आपको यह पता लगा कि आपकी आंतरिक बेड़ियों को तोड़ना संभव था।

अपनी कार या बाइक पर शहर के बाहर निकलने का पल।

हम सभी उन पलों को उसके लिए याद नहीं करते हैं, जो वे हैं।

हम उन पलों को उस अहसास के लिए याद करते हैं, जो वे हमें महसूस कराते हैं।

हम उन पलों को उस जगह के लिए याद नहीं करते हैं, जहाँ वे होते हैं।

हम उन पलों को उस जगह के लिए याद करते हैं, जहाँ वे हमें भीतर ले जाते हैं।

क्या हो सकता है, इस बारे में चिंता करने के बजाय यह भाँपें कि क्या हो सकता है।

कल्पना करने की शक्ति ताक़त भी है और कमज़ोरी भी।

हम यह कल्पना कर सकते हैं कि अगर हम अपने सपनों के प्रोजेक्ट में असफल हो गए, तो क्या होगा।

या हम यह कल्पना कर सकते हैं कि अगर हमारा सपनों का प्रोजेक्ट बेहद सफल हो जाए, तो क्या होगा।

हम अपने विचारों से अपनी खुद की क़ैद बना सकते हैं या फिर हम सारी सलाखों व ऊपरी सीमाओं को तोड़कर सर्वश्रेष्ठ संभव परिणाम की कल्पना कर सकते हैं।

एक-एक चीज़।

एक-एक पल।

एक-एक कहानी।

कल्पना करने की हमारी शक्ति या तो हमें कष्ट देती है। या फिर हमारी मदद करती है।

जिसे हम चुनते हैं। उसी के साथ हम जीते हैं।

जीवन संघर्ष से भरा है।

संसार के नियमों के अनुरूप जीने की कोशिश करने में संघर्ष रहता है।

अपना खुद का संसार और अपने खुद के नियम बनाने की कोशिश में भी संघर्ष रहेगा।

आप अपना संघर्ष खुद चुनते हैं।

...

कंपनी की नौकरी करियर की बेहतरीन शुरुआत हो सकती है।

1. यह आपको तंत्र, प्रक्रियाओं और प्रणालियों का महत्त्व सिखाती है।
2. यह आपको सिखाती है कि छोटे-छोटे काम मिलकर कैसे एक बड़े काम को बनाते हैं।
3. यह आपको शुरुआत में स्थिरता देती है।

आप कंपनी के कामों को छोटा दिखाकर आकर्षक नहीं बनते हैं।

...

धीमी शुरुआत को छोटी शुरुआत समझने की ग़लती नहीं करें।

...

आप ही अकेले नहीं हैं, जो असमंजस में हैं।
आप ही अकेले नहीं हैं, जो अनिश्चित हैं।
आप ही अकेले नहीं हैं, जो संघर्ष कर रहे हैं।

आप मूर्ख, अक्षम, अयोग्य नहीं हैं।
हर व्यक्ति जूझ रहा है।

हर व्यक्ति इसे समझने की कोशिश कर रहा है।

खुद पर कठोर नहीं बनें।

...

जब बात पैसे की आती है, तो ज़्यादा जानकारी लोगों को ज़्यादा जागरूक नहीं बनाती है।

यह उन्हें ज़्यादा भयभीत बनाती है।

...

जीवन में आपके पास जो है, उसके लिए कृतज्ञ होना मूल्यवान है।

वयस्कों के सीखने की राह में सबसे बड़ी बाधा है घमंड!

मैं अब बड़ा हो चुका हूँ। मैं हर चीज़ जानता हूँ!

ज़्यादातर वयस्क यह बात किसी न किसी तरह से खुद से कहते हैं और इस तरह जेल में जीते हैं।

ना जानने में कोई बुराई नहीं है!
यह स्वीकार करने में कोई बुराई नहीं है कि आप बहुत-सी चीज़ें नहीं जानते हैं!!
वयस्क बनने के बाद भी सीखना बहुत अच्छा रहता है!!!

क्योंकि जो लोग सीखते हैं, चाहे उनकी उम्र जो भी हो, उनकी विकास-यात्रा जारी रहती है।

सबसे बड़ा भ्रम यह है कि जीवन को आदर्श होना चाहिए!

जो लोग अपने जीवन का आनंद ले रहे हैं, उनके पास प्रतिस्पर्धी लाभ है।

कल्पना करें कि आपके पास आपकी सारी मनचाही दौलत है, लेकिन इसके बावजूद आप दुखी हैं!

अपनी शर्तों पर जीवन जीने और इसका अद्वितीय आनंद लेने की कल्पना करें।

आनंद चरम लाभ है। बाक़ी हर चीज़ इसके पीछे आती है।

अगर आपने पहले कोई बात नहीं कही है, तो इसे अपने एग्ज़िट इंटरव्यू में भी नहीं कहें।

कंपनी छोड़ते समय अपना गुस्से का गुबार बाहर नहीं निकालें! इसके बजाय उच्चाधिकारियों से तब बातचीत करना बेहतर होता है, जब आप इसका हिस्सा हों।

सर्वश्रेष्ठ कंपनियाँ स्पष्ट चर्चाओं से बनती हैं। वे आपके बाहर जाते समय चिढ़ दिखाने से नहीं बनती हैं, जिसे पलटा नहीं जा सकता।

ज़रूरी नहीं है कि अर्थपूर्ण नौकरी वही हो, जो आपके समूचे जीवन को पूरी तरह भरती हो।

आप अपनी नौकरी से प्रेम कर सकते हैं।

और आपको इसमें अतिशय आनंद मिल सकता है।

लेकिन अगर इससे आपके पास अपने लिए शून्य जगह बचती है या बहुत कम जगह बचती है, तो यह अर्थपूर्ण नहीं है!

अपनी जगह होना महत्त्वपूर्ण है।

यह बेहद महत्त्वपूर्ण है कि आपकी नौकरी आपके जीवन का अतिक्रमण नहीं करे।

और उन सीमाओं का सम्मान करने के लिए आपको खुद का सम्मान करना चाहिए।

अपनी नौकरी में अर्थ खोजना सुंदर है। डरावना तो यह है कि नौकरी जीवन का एकमात्र अर्थ बन जाए।

कोई योजना नहीं होना और इसके साथ संतुष्ट रहना सबसे अच्छी योजना है। उस बिंदु तक पहुँचने में हर चीज़ लग जाएगी।

हम सबसे कहा जाता है, 'आपके पास योजना होना अनिवार्य है।'

अगर योजना ए काम नहीं करे, तो योजना बी।

अगर योजना बी काम नहीं करे, तो योजना सी।

और इसी तरह।

'योजना हमेशा होनी चाहिए।'

बहरहाल, कल्पना करें कि आपसे पूछा जाए, 'आप आज से पाँच साल बाद खुद को कहाँ देखते हैं?' और आप यह जवाब दें,

'मैं नहीं जानता।

फिर भी मैं संतुष्ट हूँ।'

यह मुक्तिदायक है।

यह स्वतंत्रता है।

आप जीवन में जहाँ हैं, आप जीवन में जो हैं, यह उसके साथ शांति में रहना है।

अगर आप शराब या नशे के बिना सार्वजनिक रूप से नाचने में आरामदेह हैं, तो आप अपने वास्तविक स्वरूप के साथ शांति में हैं।

अगर आप नशा किए बिना ही उल्लास महसूस करते हैं,
अगर आप नशे के बिना ही आनंद में मदमस्त रहते हैं,
अगर आप इंद्रियों को निष्क्रिय किए बिना ही खुद को व्यक्त करने से प्रेम करते हैं,
तो आप आनंद और शांति के ऐसे स्थान पर हैं, जिसे कोई चीज़ नहीं छू सकती।

आपको जिस एकमात्र चीज़ की ज़रूरत है, वह है ज़्यादा आत्मविश्वास कि आप जैसे हैं, आदर्श हैं!

ग़लतियों से सीखने का सबसे आसान तरीक़ा पुस्तकें पढ़ना है।

दूसरा विकल्प उन्हें खुद करना है।

पुस्तकें दूसरों की ग़लतियों से सीखने का बेहतरीन तरीक़ा हैं!

आप उन्हें दोबारा क्यों करना चाहेंगे?

अगर आपको दो विकल्पों में से किसी एक को चुनने को कहा जाए, जिसमें एक तरफ़ 300 रुपये की पुस्तक और दो घंटे पढ़ने का समय हो और दूसरी तरफ़ 10 साल तक ग़लतियाँ करने का विकल्प हो, तो आप किसे चुनेंगे?

जीवन में हर चीज़ वापस आ सकती है। बस समय नहीं आता। और समय के दोहन का सबसे अच्छा तरीक़ा दूसरों के जीवन से सबक़ सीखकर उन पर अमल करना है।

स्पष्ट का प्रतिरोध करना अपने जीवन मार्ग को बदलने का बेहतरीन तरीक़ा है। अगर आप भी वही करते हैं, जो हर कोई करता है, तो अंत में आपका हाल भी वही होगा, जो हर एक का होता है।

यहाँ मैं बता रहा हूँ कि मैं स्पष्ट का प्रतिरोध कैसे करता हूँ।

निर्णय लेते समय मैं खुद से पूछता हूँ, 'ज़्यादातर लोग क्या करेंगे?'

फिर मैं दूसरे विकल्पों पर विचार करता हूँ।

इस एक प्रश्न की बदौलत मुझे इतने ज़्यादा अवसर और अलग दिशाएँ मिली हैं, जिनकी मैं कल्पना भी नहीं कर सकता था, अगर मैंने स्पष्ट मार्ग का विकल्प चुना होता।

प्रवाह के ख़िलाफ़ तैरकर ही अपना खुद का प्रवाह खोज पाएँगे।

शिकायत करने से कभी किसी की समस्या नहीं सुलझती है।

शिकायत करने से समस्या बढ़ जाती है।

यह तर्कसंगत साबित करती है कि यह क्यों मौजूद है।

यह हमें शिकार महसूस कराती है कि हम समस्या द्वारा उत्पन्न दुखों को झेल रहे हैं।

इस सबकी बदौलत आपकी शक्ति का क्षय हो जाता है। और आप यह विश्वास करने के जाल में फँस जाते हैं कि आपके पास कोई शक्ति नहीं है।

अगर आपको अपने बाक़ी जीवन के लिए बस एक आदत चुननी हो, तो शिकायत नहीं करने की आदत को चुनें। और फिर देखें कि आप कितने प्रयासरहित तरीक़े से समाधानों तक पहुँचते हैं।

असली समस्या कभी असली समस्या नहीं थी।

असली समस्या तो शिकायत करने का चक्रवृद्धि ब्याज थी।

कसरत करना आपको जितना अनुशासन और धैर्य सिखाता है, उतना बहुत कम चीज़ें सिखा सकती हैं।

आप फ़िट शरीर नहीं ख़रीद सकते।

आप रातोंरात फ़िट नहीं हो सकते।

आप धोखा देकर फ़िट शरीर नहीं पा सकते।

आप फ़िट शरीर हासिल करने के लिए किसी दूसरे पर सवार नहीं हो सकते।

आप फ़िट ना होने के लिए किसी को दोष नहीं दे सकते।

ना ही आप किसी दूसरे को अपनी तरफ़ से फ़िट होने को कह सकते हैं।

यह सिर्फ़ तभी होता है, जब आप हर दिन कुछ करते हैं। और धैर्य रखते हैं।

और यह एक मूल्यवान सबक़ है।

जीवन भर के लिए!

सबसे ख़तरनाक लोग वे हैं, जो
परिवर्तन से दूर भागते हैं।

यही लोग सबसे ज़्यादा
ऊर्जा चूसते हैं।

कभी यह विश्वास करके खुद को मूर्ख नहीं बनाएँ कि आप जीवन में जहाँ हैं, आप उसके हक़दार हैं।

खुद को हक़दार समझना एक जाल है।

इसकी वजह से हम आईना देखकर यह विश्वास करते हैं कि हम जहाँ हैं, वहाँ पहुँचने के लिए हमने कड़ी मेहनत की है। और हम इसके हक़दार हैं।

सच तो यह है कि हम इसके हक़दार नहीं हैं। हम तो बस खुशक़िस्मत हैं।

हम खुशक़िस्मत हैं कि हम ऐसे परिवार में पैदा और बड़े हुए, जिसने हमें प्रेम, भोजन, परवाह, आश्रय, शिक्षा और महत्त्व दिया। और परवरिश भी।

इन सब चीज़ों के कारण हमें ऐसे अवसर मिले, जिन्हें हम अपना हक़ मान लेते हैं।

और हमारे संसार के बाहर के बहुत कम लोगों को एक पल के लिए भी हमारे जैसा अनुभव नहीं मिलेगा।

वे उससे ज़्यादा कड़ी मेहनत करते हैं, जितनी हम कभी नहीं कर सकते।

और संभवतः हमसे ज़्यादा स्मार्ट होंगे।

हक़ नहीं समझें। कृतज्ञ बनें।

आपके जीवनमूल्यों का तंत्र इससे परिभाषित होता है कि आप उस व्यक्ति के साथ कैसा व्यवहार करते हैं, जो आपको कुछ नहीं दे सकता।

आपके जीवनमूल्य आपके विकास में आपकी मदद नहीं करते।

लेकिन वे बुरे समय में आपको थामे रखते हैं।

आपको वह मिलेगा, जिसे आप खोजते हैं।

वह नहीं मिलेगा, जिसकी आप इच्छा करते हैं।

वह नहीं मिलेगा, जिसके आप सपने देखते हैं।

वही मिलेगा, जो आप खोजते हैं। शिद्दत से।

क्या आप पुष्टि खोज रहे हैं? या आप संतुष्टि खोज रहे हैं?

क्या आप धन और अकेलेपन को खोज रहे हैं? या आप धन और खुशी को खोज रहे हैं?

क्या आप सामाजिक ओहदा खोज रहे हैं? या आप जो करते हैं, उसके लिए गुमनाम रहना चाहते हैं?

हम संसार के सामने यह नाटक कर सकते हैं कि हम जो खोज रहे हैं, वह उससे अलग चीज़ है, जिसे हम सचमुच खोज रहे हैं।

लेकिन दिल पर हाथ रखने पर हमें हमेशा पता होता है कि हम सचमुच क्या खोज रहे हैं।

और सृष्टि की इतनी सुंदर व्यवस्था है कि आप जो माँगते हैं, उसे यह प्लेट में सजाकर आपको दे देती है।

प्रश्न यह है, क्या हम ऐसी चीज़ें खोज रहे हैं, जिनसे हम और ज़्यादा खोजेंगे या कम खोजेंगे?

खंड 4

उद्यमिता

मैं 2009 से काग़ज़ पर उद्यमी रहा हूँ।

मैं 11 साल की उम्र से अनौपचारिक उद्यमी रहा हूँ, जब मैंने दोस्तों के साथ मिलकर कॉमिक्स किराये पर देने वाला 'स्टार्टअप' चारपाई से शुरू किया।

पहले दिन 11 रुपये की कमाई हुई।

इतने वर्षों में मैंने बहुत कुछ सीखा है।

ज़्यादातर अपनी ग़लतियों से।

उन ग़लतियों और असफलताओं पर विचार करने से मुझे विकास करने से इतनी मदद मिली, जितनी किसी सफलता से नहीं मिली।

आगे मैं अपने विचार बता रहा हूँ, जो उद्यमिता के प्रति मेरे प्रेम से उत्पन्न हुए हैं, हालाँकि तब मैं इसका सही उच्चारण करना भी नहीं जानता था।

चाहे आप कैसा भी महसूस कर रहे हों, स्टार्ट. अप कैसा भी प्रदर्शन कर रहा हो, अख़बारों में आपके बारे में कुछ भी लिखा जा रहा हो, आपके सह-संस्थापक काम नहीं कर रहे हों, आपका प्रॉडक्ट असफल हो रहा हो या आपके ग्राहक चिल्ला रहे हों, लेकिन संस्थापक के रूप में अगर आप हर दिन काम नहीं करते हैं,

तो कोई दूसरा इसे आपकी तरफ़ से नहीं करेगा।

...

लोग अक्षम अच्छे व्यक्ति के बजाय सक्षम घटिया इंसान के लिए काम करना ज़्यादा पसंद करेंगे।

...

उद्यमिता बेहद मुश्किल है।

टीम बनाने, नाम की योजना बनाने, पहला वर्ज़न उतारने का शुरुआती रोमांच काफूर हो जाएगा।

और जीवन के उन्मादी विवरण प्रकट होने लगेंगे।
उस बिंदु पर आपको सिर्फ़ एक चीज़ से मदद मिलेगी।

वे कहानियाँ, जो आपको खुद को बताते हैं।
खुद को याद दिलाते रहें कि आप संस्थापक क्यों बने हैं।
आप इस बारे में खुश रहना चाहते थे, संतुष्ट महसूस करना चाहते थे या इससे शांति चाहते थे।
या यह जो भी दूसरी चीज़ हो।
क्योंकि यही वह एकमात्र चीज़ है, जो मायने रखती है।

क्षमता शायद ही कभी जीवन में प्रश्नचिह्न होती है।

यह हमेशा इरादा होता है।

किसी में भी गुणों की कमी नहीं होती। लोग जो करते हैं, उसमें सर्वश्रेष्ठ होते हैं। या फिर वे जानते हैं कि वे इसका पता कैसे लगा सकते हैं।

लोगों में बस इरादे की कमी होती है।

इरादे की कमी, क्योंकि वे लीडर को पसंद नहीं करते।
इरादे की कमी, क्योंकि वे प्रेरित नहीं होते।
इरादे की कमी, क्योंकि उन्हें परवाह नहीं होती।
इरादे की कमी, क्योंकि उन्हें मान्यता नहीं मिलती।
इरादे की कमी, क्योंकि वे किसी व्यक्ति विशेष के लिए काम करते हैं, व्यापक हित में काम नहीं करते।

जब लोगों को उनके सही इरादे सामने लाने के लिए प्रेरित कर दिया जाता है, तो वे अपनी क्षमताओं से सबको हैरान कर देंगे - सबसे पहले खुद को!

अगर आप किसी को यह बताते हैं कि वह ग़लत है, तो वह व्यक्ति कभी नहीं मानेगा।

अगर आप किसी को यह बता रहे हैं कि वह मुद्दे की बात नहीं देखता है, तो यह पाखंड है।

अगर आप किसी से कहते हैं कि आप कभी नहीं समझेंगे, तो यह खुद को आईना दिखाना है।

हाँ, लोग ग़लत होते हैं।
वे मुद्दे की बात नहीं देखते हैं।
हाँ, वे समझते भी नहीं हैं।

इसमें से कुछ भी झूठ नहीं है।

लेकिन उद्यमिता और टीम बनाना नब्बे प्रतिशत समझना और दस प्रतिशत क्रियान्वयन करना है।
नब्बे प्रतिशत परानुभूति और दस प्रतिशत निरंकुशता।
और शत-प्रतिशत धैर्य।

'अगर मैं आप पर भरोसा नहीं कर सकता, तो इससे फ़र्क़ नहीं पड़ता कि आप कितने स्मार्ट हैं।'

यह वह सर्वश्रेष्ठ सलाह है, जो मुझे आज तक मिली है!

मेरे पहले मैनेजर ने मुझे यह बात बताई थी।

जब वे मेरे काम में लगातार ग़लतियाँ पकड़ते थे।

मैं सोचता था कि मेरी ग़लतियाँ पकड़ना मैनेजर का काम था।

मैं ग़लत सोचता था!

बगैर ग़लतियों वाला काम देना मेरा काम था। मेरे मैनेजर का काम तो इसे और बेहतर बनाना था।

मैं अपने बुनियादी काम में विकास करने के बजाय उसमें असफल हो रहा था।

आपका काम आपका ही काम नहीं है। यह इस बात का पैमाना है कि आपका मैनेजर आप पर कितना भरोसा करता है। एक-एक बार। एक-एक दिन। एक बार में एक काम।

उद्यमिता पेशा नहीं है।

यह तो मानसिक अवस्था है।

हो सकता है कि आपके पास नौकरी हो, लेकिन आप नई चीज़ें बनाने के बारे में सोच सकते हैं, अपनी टीम को ऊर्जावान बना सकते हैं और कंपनी के विकास में मदद कर सकते हैं।

सुलझाने के लिए सही समस्याओं का पता लगाएँ। अपने पद के कामों से आगे का काम माँगें। अपनी नौकरी को अपना खुद का व्यवसाय मानें।

उद्यमी बनने के लिए स्टार्टअप शुरू करना ज़रूरी नहीं है।

आप जहाँ हैं, वहीं से शुरू कर सकते हैं। ऐसी चीज़ें करें, जिन्हें करने की ज़रूरत है। यथास्थिति को बदलकर बेहतर करें। और इससे आप उद्यमी बन जाते हैं।

चक्रवृद्धि जीवन का सबसे बड़ा चमत्कार है।

संस्थापक की इक्विटी कम होना भी है, बुरे मायने में।

लंबे समय तक निष्ठा से निवेश करने पर भी आपको सामान्य लाभ दिखेंगे। काफ़ी समय बाद लाभ आसमान छूने लगेंगे।

यही संस्थापक की इक्विटी यानी हिस्सेदारी कम होने के मामले में भी होता है। जब आपका स्टार्टअप छोटा होता है, तो आपको महसूस नहीं होता कि आप बाहरी पूँजी को आमंत्रित करते समय ज़्यादा हिस्सेदारी दे रहे हैं।

जब कंपनी बड़े परिणाम देती है, तब कहीं जाकर संस्थापक के नाते आपको अहसास होता है कि आपके मुनाफ़े और मूल्यांकन का काफ़ी हिस्सा बड़े पैमाने पर तिभाजित हो रहा है। यह एक ऐसी चक्रवृद्धि है, जिसे आप नहीं चाहते थे, लेकिन आपने अनजाने में ऐसा कर दिया।

आख़िरी बार आपने कब कोई प्रॉडक्ट या सेवा इसलिए ख़रीदी थी, क्योंकि संस्थापक आईआईटी से निकला था या संस्थापक को पिछले छह महीनों से वेतन नहीं मिला था या संस्थापक डिप्रेशन के दौर से गुज़र रहा था?

आपको क़तई परवाह नहीं थी! आप कौन हैं, इस बारे में किसी को रत्ती भर परवाह नहीं है।

आपने अतीत में जो किया है, उसका इससे कोई सरोकार नहीं है कि आप ग्राहक की समस्याएँ सुलझाने में कितने अच्छे हैं।

संस्थापक के नाते आपकी सफलता इस बात पर निर्भर करती है कि आप लोगों तक उनकी समस्याओं के समाधान पहुँचाने में कितने सक्षम हैं।

यह मायने नहीं रखता कि आप कौन हैं और कहाँ से आए हैं।

मायने तो यह रखता है कि आप क्या करते हैं और कहाँ जा रहे हैं।

बाज़ार को पदनामों की परवाह नहीं होती।

बाज़ार (सही तरीक़े से) सिर्फ़ समाधानों की परवाह करता है।

किसी उद्यमी को पूँजी उगाहने पर बधाई देना शेफ़ को सब्ज़ियाँ ख़रीदने पर बधाई देने जैसा है।

पूँजी स्टार्टअप की रेसिपी का अनिवार्य तत्व है।

लेकिन यह प्रारंभ है। अंत नहीं।

मील के पत्थर को स्वीकार करें।

उन्हें शुभकामना दें।

उनमें विश्वास जताएँ।

लेकिन उन्हें यह विश्वास नहीं दिलाएँ कि वे जीत गए हैं।

यह नहीं मानें कि पूँजी इकट्ठी करने पर आप जीत गए हैं।

कोई नहीं जीता है।

अब तक तो नहीं।

'मैं आप पर विश्वास इसलिए नहीं करता, क्योंकि आप हर चीज़ जानते हैं। मैं आप पर विश्वास इसलिए करता हूँ, क्योंकि मैं जानता हूँ कि आप जवाब खोजने की हरसंभव कोशिश करेंगे।'

मैं अपनी टीम के सबसे सक्षम सदस्यों से यही कहता हूँ।

कोई भी सारे जवाब नहीं जानता।

लेकिन सुई को आगे धकाने वाले सर्वश्रेष्ठ खिलाड़ी जानते हैं कि जटिल समस्याओं के समाधान कैसे निकाले जाएँ।

आप सबसे सक्षम तब नहीं बनते हैं, जब आप जवाब जानते हैं।

आप तो सबसे सक्षम तब बनते हैं, जब आप 'मैं नहीं जानता' के आगे जाते हैं।

और इस प्रक्रिया में हर एक को हैरान कर देते हैं।

खुद को भी।

नज़रिया >> अनुभव >> शिक्षा

नियुक्त करने का सिद्धांत, जिस पर मैंने हमेशा अमल किया है।

योग्यताएँ सिखाई जा सकती हैं।

नज़रिया सिखाना सचमुच मुश्किल होता है।

अपनी टीम के लिए सही कर्मचारियों को खोजते समय उन्हें चुनना फ़ायदे का सौदा है, जो आपकी टीम की संस्कृति के अनुरूप हों।

भले ही उनमें योग्यताओं की कमी हो, लेकिन उनका नज़रिया विकास करने में उनकी मदद करेगा।

आशावादी और प्रेरित व्यक्ति ज़्यादा सीखने का कोई न कोई तरीक़ा निकाल लेगा।

सफल योग्य व्यक्ति विकास करने की प्रतिकूल स्थिति में होगा, क्योंकि वह हर संभावना में निराशावाद देखेगा।

नज़रिया योग्यताओं की भरपाई कर सकता है।

योग्यताएँ कभी नज़रिये की भरपाई नहीं कर पाती हैं।

मैंने अपने पहले बॉस से पूछा कि ऐसा कैसे है कि टीम के भीतर काम का असमान वितरण हमेशा रहता है। उनका जवाब था,

'अच्छे लोग अच्छे बनने के लिए उससे ज़्यादा क़ीमत चुकाते हैं, जितनी बुरे लोग बुरे बनने के लिए चुकाते हैं।'

वे कामकाज के बारे में नहीं बोल रहे थे।

वे तो ज़िंदगी के बारे में बोल रहे थे।

इतनी शक्तिशाली टीम बनाएँ कि बाहर का व्यक्ति यह नहीं समझ पाए कि बॉस कौन है!

क्या आप अपनी ग़लतियों को स्वीकार करते हैं?

क्या आप अपनी टीम को ग़लतियाँ करने की छूट देते हैं?

क्या आप अपनी टीम के सदस्यों पर भरोसा करते हैं कि वे अपना काम कर लेंगे?

क्या आप इलाज बताने के बजाय प्रश्न पूछते हैं?

क्या आप टीम का सूक्ष्म प्रबंधन करने के बजाय उन्हें स्वायत्तता देते हैं?

अगर आप अपनी टीम को इस तरह से चलाते हैं, तो बाहर का कोई व्यक्ति यह अंदाज़ा नहीं लगा पाएगा कि इसका नेतृत्व कौन करता है। क्योंकि अब, हर व्यक्ति लीडर है।

उद्यमिता खुद को खोजने का सबसे निर्मम तरीक़ा है।

नए ऑफ़िस, नए फ़र्नीचर और ब्रांडिंग के आनंद के शुरुआती दिन होते हैं।

फिर सूक्ष्म विवरण आते हैं।

पैसे बनाना।

टीम बनाना।

तेज़ी से विस्तार और विकास करना।

संस्कृति विकसित करना।

जब हर चीज़ गुलाबों की सेज नहीं हो, तब आप खुद को और अपनी मानसिक अवस्था को कैसे सँभालते हैं, दरअसल उसी से यह तय होता है कि आप कौन हैं।

यह निश्चित रूप से आपकी उम्मीद जितना आसान या ग्लैमरस नहीं होगा। लेकिन यह आपके बारे में आपके सामने इतना कुछ उजागर कर देगा कि आप यह नहीं चाहेंगे कि यात्रा किसी मायने में इससे अलग होती।

सौभाग्य या दुर्भाग्य से उद्यमिता आपको आपका असल स्वरूप जितना दिखाती है, उतना कोई दूसरी चीज़ नहीं दिखाती।

लीडर के रूप में सबसे मुश्किल योग्यता सबसे कठिन पलों के दौरान शांत रहने की योग्यता है।

जब आप अपने लक्ष्यों तक पहुँच रहे हों या जब ग्राहक संतुष्ट हों, तो कोई भी शांत रह सकता है।

जब आपकी टीम का मनोबल कम हो या जब वे ग़लतियाँ करें, तब टीम के सदस्यों को शक्ति देना और विपरीत परिस्थितियों में आगे बढ़ने की प्रेरणा देना सबसे बड़ी योग्यताएँ हैं।

यह आसान नहीं है। इसीलिए नेतृत्व उसका प्रतिबिंब होता है, जो आप हैं।

मुश्किल।
लेकिन अपना आपा खोने से बहुत ज़्यादा आसान।

नेतृत्व के साथ अपनी शांति खोने की शक्ति आती है। जो लीडर्स इसे नहीं खोते हैं, वही सचमुच शक्तिशाली होते हैं।

कर्मचारियों को दिखाएँ कि वे कौन हो सकते हैं।

उन्हें यह बताने के बजाय कि उन्हें कैसा नहीं होना चाहिए।

यह उन सर्वश्रेष्ठ सबक़ों में से एक है, जो मैंने लोक-मैनेजर के रूप में सीखा।

'आपको दूसरों को नीचे नहीं खींचना चाहिए, उनके प्रति असम्मान नहीं दिखाना चाहिए या किसी के मानसिक स्वास्थ्य संबंधी समस्याओं का मज़ाक़ नहीं उड़ाना चाहिए।'

इसे कहना उपदेश जैसा लगता है।

लेकिन यह सच है, और यह बस नैतिक शिक्षा है।

हर कोई इसे जानता है।

क्या हो, अगर आप लोगों को उनकी क्षमताएँ बताएँ।

क्या हो, अगर आप लोगों को दिखाएँ कि दूसरों का सम्मान करने से कितनी शक्ति मिलती है?

क्या हो, अगर आप हर वह चीज़ करें, जो आप अपनी टीम को करते देखना चाहते हों?

शब्द समझदारी भरे होते हैं।

लेकिन दिल तक कहानियाँ पहुँचती हैं।

जो लोग कोई व्यवसाय शुरू करना चाहते हैं, उनमें से ज़्यादातर सोचते हैं कि उन्हें नौकरी छोड़कर स्टार्टअप शुरू करना चाहिए।

यह विचार मेरी राय में सच नहीं है।

रातों और वीकएंड्स में काम करके अपने विचार की जाँच करें।

जिस पल आपको स्टार्टअप को धकाना होता है और पैसे बनाने के लिए काम करना होता है, तब यह उससे बहुत अलग होता है, 'चलो देखते हैं कि क्या यह कारगर होता है।'

अतार्किक आशावाद संस्थापक के लिए मौत का जाल है!

...

स्टार्टअप बनाते समय सबसे मुश्किल पल वह होता है, जब आप अपनी टीम को निराश कर देते हैं।

स्टार्टअप बनाते समय सबसे मूल्यवान पल वह होता है, जब आप अपनी टीम को निराश कर देते हैं, लेकिन वे आपको ऊपर उठाते हैं।

ऐसी संस्कृति बनाएँ, जो निराश लोगों को ऊपर उठाती हो।

ऐसी संस्कृति का हिस्सा बनें।

जब आप पैसा उगाहते हैं, तो यह उपलब्धि नहीं है।

यह तो ज़िम्मेदारी है।

जब आप पैसा उगाहते हैं, तो अब आप सिर्फ़ ग्राहकों के प्रति ही जवाबदेह नहीं होते हैं।

आप निवेशकों के प्रति भी जवाबदेह होते हैं, क्योंकि वे मुनाफ़ा चाहते हैं।

क्योंकि आपने उन लोगों से पैसा उगाहा है, जो मुनाफ़े की तलाश कर रहे हैं।

अब आप व्यवसाय बढ़ाने पर ध्यान केंद्रित नहीं कर रहे हैं।

अब तो आप पर व्यवसाय को बढ़ाने का दबाव है।

और यह बहुत भारी दायित्व है!

आपका दिल तोड़ने के लिए माफ़ी चाहता हूँ...

दुनिया में किसी के मन में पहले ही वह विचार आ चुका है, जो आपके दिमाग़ में आया है!

संसार में कोई व्यक्ति पहले ही उस विचार पर काम कर रहा है, जो आपके पास है!

विचार को बहुत ज़्यादा महत्त्व नहीं दें।

इसके बजाय यह पता लगाएँ कि वह क्या है, जो वे जानते हैं, लेकिन आप नहीं जानते।

विचार शायद ही कभी नए होते हैं।

असली नई चीज़ तो किसी विद्यमान विचार की अनसुलझी समस्या को सुलझाना है।

उसके लिए आपको सबसे पहले तो यह सीखना होगा कि ऐसा क्या है, जो आपसे पहले वाले लोग पहले से ही जानते हैं, लेकिन जिसे आप अब तक नहीं जानते हैं।

आपका विचार आपका स्टार्टअप नहीं है।

आपकी नीति आपका स्टार्टअप है।

कंपनियाँ अपने कर्मचारियों के साथ जो सबसे बुरी चीज़ करती हैं, वह यह है :

1. साल में एक बार उनका मूल्यांकन करना

2. उन्हें बताना कि उनका प्रदर्शन कितना अच्छा रहा

3. उनका मूल्यांकन ऐसे पैमानों पर करना, जिनके बारे में उन्हें पता भी नहीं था

बड़े अफ़सोस की बात है कि ज़्यादातर कर्मचारियों को पूरे बारह महीनों तक यह पता ही नहीं होता है कि प्रबंधन उनके बारे में क्या सोच रहा है!

सर्वश्रेष्ठ फ़ीडबैक वह होता है,

- जो तुरंत/हर पखवाड़े/साप्ताहिक दिया जाए
- हैरान करने के बजाय स्पष्टवादी हो
- खाल उधेड़ने के बजाय सहायक हो!

कर्मचारी कंपनी को चलाते हैं, कंपनी कर्मचारियों को नहीं चलाती है।

- जिस पल कंपनियाँ इस सच्चाई के बारे में जागरूक हो जाती हैं, हर चीज़ बदल जाती है!

घटिया संस्थापक संस्थाएँ नहीं बनाते हैं।

वे सिर्फ़ कंपनियों को शुरू करते और चलाते हैं।

कंपनी शुरू करना आसान होता है।

ऐसी जगह बनाना बेहद मुश्किल होता है, जहाँ लोग काम करने से प्रेम करें, जहाँ कर्मचारियों को उसके लिए सम्मानित किया जाए, जो वे हैं और सबसे महत्त्वपूर्ण बात, जहाँ लोग कामकाज में और व्यक्तियों के रूप में विकास करें।

कोई भी कंपनी शुरू कर सकता है और चला सकता है।

कोई भी इतना ग़रीब हो सकता है कि उसके पास सिर्फ़ पैसा रहे।

असली खेल टीम के हर सदस्य से बातचीत करना है।

बात सुनने के इरादे से उनकी बात सुनना है।

उन्हें जानना महत्त्वपूर्ण है, क्योंकि इसी से आपको ज़्यादा समझदारी भरे निर्णय लेने में मदद मिलेगी।

सिर्फ़ साहसी संस्थापक ही खुद से आगे तक जा पाते हैं और संस्थाएँ बना पाते हैं।

उद्यमी बनने के तीन सबसे बुरे कारण :

1. **मैं पैसे बनाना चाहता हूँ**
2. **मैं अपनी वर्तमान नौकरी से नफ़रत करता हूँ**
3. **हर कोई यह कर रहा है**

उद्यमिता मुश्किल होती है।

बहुत लंबे समय तक इसमें आपको वेतन वाली नौकरी की विलासिताएँ नहीं मिलेंगी।

इसके अलावा, आपके पास एक नहीं, बहुत सारे बॉस होंगे।

ज़्यादातर लोग उद्यमियों के रूप में इसलिए असफल होते हैं, क्योंकि वे इन तीन बाहरी कारणों में से किसी एक की वजह से उद्यमी बनते हैं।

जब आपकी प्रेरणा आंतरिक हो, जब आप जिज्ञासु हों, जब आप किसी समस्या से अभिभूत हों, तो आप उद्यमी बनने की ख़ुशी का अनुभव करने में सक्षम होंगे।

आप किसी समस्या को सुलझाना चाहते हैं और आप हालाँकि सफलता की उम्मीद करते हैं, लेकिन असफलता के लिए भी तैयार रहते हैं।

महान लीडर के काम ऐसे होने चाहिए कि दूसरे उन्हें कर सकें।

लेकिन जब उनके विचारों और स्वप्न की बात आती है, तो वे ऐसे होने चाहिए कि उनकी जगह कोई दूसरा नहीं ले सके।

महान लीडर वे होते हैं, जो समय के साथ खुद को अनावश्यक बना लेते हैं।
क्योंकि उन्हें अपने अहं को पोषण देने की ज़रूरत महसूस नहीं होती।

सर्वश्रेष्ठ लीडर टीम को अपनी अनुपस्थिति में काम करने की अनुमति देते हैं।
और इस दौरान लीडर उद्देश्य और अंतिम लक्ष्य तय करने का काम करता है।

आज के समाज में विश्वास करना सामान्य नहीं है, इसलिए विश्वास करना एक प्रतिस्पर्धी लाभ है।

लोग दिल से चाहते हैं कि उन पर विश्वास किया जाए।

मैं अपनी टीम (प्रशिक्षु और पूर्णकालिक दोनों) को हर महीने के पहले दिन वेतन देता हूँ।

इसके अलावा मैं उन्हें आज़माकर देखने के बजाय पहले दिन से ही उन पर भरोसा करता हूँ।

जब कर्मचारियों पर विश्वास किया जाता है, ख़ास तौर पर कम विश्वास वाली पृष्ठभूमि में, तो वे ज़्यादा करके दिखाते हैं।

लोग चाहते हैं कि उन पर विश्वास किया जाए। बस उन्हें इसके पर्याप्त अवसर नहीं दिए जाते।

अगर उन पर सचमुच विश्वास किया जाए, तो वे ना सिर्फ़ आपको हैरान कर देंगे, बल्कि इतनी जवाबदेही से काम करेंगे कि अंत में खुद को भी हैरान कर देंगे!

खंड 5

धन

जब मैं छोटा था, तो मेरे पिताजी ने मुझे धन का एक रोचक पहलू बताया।

उन्होंने कहा, चूँकि तुम पैसों के बिना बड़े हुए हो, इसलिए या तो तुम पैसे के पीछे भागोगे या फिर तुम धन के आगे जाओगे।

हालाँकि मैं हमेशा से धन को महत्त्वपूर्ण मानता हूँ, लेकिन इसके पीछे भागते रहना आपके समय और जीवन का सबसे बुरा उपयोग है।

धन स्वतंत्रता ख़रीदता है।

स्वतंत्रता एक विशेषाधिकार और सौभाग्य है।

यह स्वतंत्रता ज़्यादा समझदारी भरे विकल्प चुनने में आपकी मदद करती है।

लेकिन इन समझदारी भरे विकल्पों को जानने से पहले मैंने धन के साथ कई ग़लतियाँ की हैं।

मैं ये ग़लतियाँ आपको इसलिए बता रहा हूँ, ताकि आप उनके बारे में जागरूक रहें और धन के साथ अर्थपूर्ण संबंध बनाएँ।

धन के साथ मैंने ये ग़लतियाँ कीं।

हम पैसों के बिना बड़े हुए थे।

हमेशा क़र्ज़ में रहते थे। रोज़ कमाना, रोज़ खाना वाली ज़िंदगी।

इसीलिए बड़े होने पर मैं पैसों से नफ़रत करने लगा।

मैंने सोचा कि धन ही हमारी सारी समस्याओं का कारण है।

और मैं कभी नहीं चाहता था कि धन मुझ पर शासन करे।

मुझे इस बात का अहसास नहीं था कि धन को ख़ारिज करने की इस इच्छा की बदौलत मैं इसका असम्मान करने लगा।

चूँकि मुझमें पैसे बनाने का हुनर था, इसलिए मैंने कभी यह समझने की कोशिश ही नहीं की कि इसका प्रबंधन कैसे किया जाए और इसे कैसे बढ़ाया जाए।

इस प्रक्रिया में मैंने बहुत सारी ग़लतियाँ कीं।

ग़लती 1

मैंने रियल एस्टेट ख़रीदने के लिए क़र्ज़ लिए।

यह मानते हुए कि भाव बढ़ने पर मेरा चुकाया ब्याज वसूल हो जाएगा।

मैंने टैक्स के बारे में नहीं सोचा।

मैंने मुद्रास्फीति के बारे में नहीं सोचा।

मैंने यह हिसाब नहीं लगाया कि सम्मानजनक मुनाफ़ा कमाने के लिए मकान का भाव हर साल लगभग बीस प्रतिशत की दर से बढ़ना चाहिए।

ग़लती 2

जब भी मैंने ज़्यादा पैसे कमाए, तो क़र्ज़ चुकाने के बजाय स्टार्टअप कंपनियों में इसका निवेश कर देता था।

मैं मानता था कि स्टार्टअप कंपनियाँ मेरे पैसे को कई गुना कर देंगी।

मुझे बुनियादी तौर पर विश्वास था कि मैं इतने पैसे कमा लूँगा कि अपने क़र्ज़ चुका दूँ।

मैंने यह किया था!

ग़लती 3

मैंने इललिक्विड यानी स्थिर संपत्तियों में निवेश किया - स्टार्टअप कंपनियाँ, रियल एस्टेट।

और लिक्विड यानी तरल संपत्तियों में बहुत कम निवेश किया - शेयर, सोना।

इसलिए जब मुश्किल समय आया, तो मेरे पास बहुत सारी 'पेपर वेल्थ' तो थी, लेकिन नक़द पैसे नहीं थे।

इस वजह से मुझे और ज़्यादा क़र्ज़ लेना पड़ा।

कभी इसे चुकाने की कोशिश नहीं करते हुए।

क्योंकि पिछला उदाहरण देखें - अतिरिक्त आमदनी से क़र्ज़ नहीं चुकाने की बात!

ग़लती 4

एक दशक तक मैंने बाज़ार भाव से कम वेतन लिया और इक्विटी पर बहुत ज़्यादा ज़ोर दिया।

मुझे विश्वास था कि इक्विटी मुझे इतना कमाकर देगी, जितना वेतन से संभव नहीं था।

इसलिए जब चीज़ों का अंत अपेक्षा के अनुरूप नहीं हुआ, तो मेरे पास दौलत के नाम पर कुछ नहीं बचा था।

ग़लती 5

मैंने भविष्य पर बहुत ज़्यादा भरोसा किया।

मैंने अपनी जीवनशैली को तब भी क़ायम रखा, जब मुझे इसमें थोड़ी कटौती करनी चाहिए थी।

मैंने अपने क्रेडिट कार्ड्स पर अधिकतम क़र्ज़ लिया।

और ज़्यादा क़र्ज़ इकट्ठा कर लिया।

सब इस उम्मीद में कि भविष्य में एक बड़ी घटना सारी समस्याओं को सुलझा देगी।

ग़लती 6

मैंने शेयरों में तब निवेश किया, जब बाज़ार शिखर पर था, क्योंकि मैं फटाफट पैसे कमाना चाहता था।

बाज़ार लुढ़कने पर मैंने दहशत में आकर शेयर बेच दिए, ताकि मेरा सारा पैसा नहीं डूब जाए।

मुझे इसके ठीक विपरीत काम करना चाहिए था।

ग़लती 7

जब भी मुझे पैसे की ज़रूरत पड़ी, तो मैंने अपना मीच्युअल फ़ंड निवेश तोड़ दिया।

मैंने दरअसल चक्रवृद्धि की शक्ति को तोड़ दिया।

मैं दर्दनाक धीमे विकास के दौर में यह काम लगातार करता रहा।

और चक्रवृद्धि के उड़ान भरने से पहले ही मैंने इसके पर कतर दिए।

ग़लती 8

मैंने अपनी पत्नी को मीच्युअल फ़ंड्स में निवेश करने और सोना ख़रीदने से हतोत्साहित किया।

फिर भी उसने ऐसा किया।

मैंने उसका मज़ाक़ उड़ाया और उस पर हँसा।

मैंने उसे चुनौती दी कि हम दशक के अंत में मुनाफ़े की तुलना करके देखेंगे।

हालाँकि उसके निवेश ने ही हमें बचाया।

एक बार नहीं, तीन बार।

चूँकि मैं धन से नफ़रत करता था, इसलिए मैंने कभी इसका सम्मान नहीं किया।

और मुझे अहसास हुआ कि धन ने भी मेरा सम्मान नहीं किया।

हालाँकि मैं पैसे बनाना जानता था, लेकिन यह नहीं जानता था कि इसे सुरक्षित रखा जाए।

इसे कैसे बढ़ाया जाए।

आज मैं सोचता हूँ कि मैं जान गया हूँ।

1. टैक्स एक चीज़ है। एक असली चीज़।

   तुलना करने के लिए हमेशा टैक्स के बाद वाला मुनाफ़ा देखें।

2. मुद्रास्फीति एक चीज़ है। एक असली चीज़।

   समय के साथ धन का मूल्य कम होता है। अपने मुनाफ़े का अनुमान लगाते समय धन के अवमूल्यन पर भी विचार करें।

3. चक्रवृद्धि एक बहुत महत्त्वपूर्ण तत्व पर आधारित है - समय। चक्रवृद्धि के जादू के लिए समय की ज़रूरत होती है। इसे समय दें। बहुत सारा समय।

4. लिक्विडिटी यानी संपत्ति को तुरंत बेच सकने की क्षमता बेहद महत्त्वपूर्ण होती है। इस तरह से निवेश करें, ताकि आप ज़रूरत के समय नक़दी निकाल सकें। वरना इसमें तुक ही क्या है?

5. अगर आपके पास अतिरिक्त पैसे हैं, तो इंतज़ार करें।

   सही अवसर का इंतज़ार करें।
   धैर्य से इंतज़ार करें।
   बाज़ार के गिरने का इंतज़ार करें।

   इंतज़ार करें।
   जिस भाव पर आप ख़रीदते हैं, उसी से आपका मुनाफ़ा तय होता है।

   'कोई भी धीरे-धीरे अमीर नहीं बनना चाहता।'
   – वॉरेन बफ़ेट

6. 20 से 30 की उम्र में भिखारी की तरह रहें। अपने साधनों से कम में जिएँ।

अपने बिल चुकाएँ और फिर निवेश करके खुद को भुगतान करें।

अपनी इच्छाओं के लिए सबसे अंत में भुगतान करें।

अपनी इच्छाओं के लिए क़र्ज़ नहीं लें।

7. केवल उन्हीं चीज़ों के लिए क़र्ज़ लें, जिनका मूल्य बढ़ता है।

शिक्षा।

शायद मकान। सिर्फ़ एक!

8. आपके पेशे के अनुसार निवेश नहीं करें।

एंजेल निवेश, क्योंकि आप संस्थापक हैं।

शेयरों में निवेश, क्योंकि आप वित्त में हैं।

सोने में निवेश, क्योंकि आप ट्रेडर हैं।

सभी तरह की संपत्तियों का ज्ञान हासिल करें और उनका सम्मान करें।

9. बहुत से क्षेत्रों में निवेश करने के बजाय कारगर क्षेत्र पर ध्यान केंद्रित करें। डाइवर्सिफ़िकेशन से ज़्यादा मुनाफ़ा नहीं होता है - यानी सामान्य से ज़्यादा।

जो कारगर है, उसे ज़्यादा ख़रीदने पर सामान्य से ज़्यादा मुनाफ़ा मिलता है।

10. अपने धन को चक्रवृद्धि होने की अनुमति दें।

इसमें समय लगता है। कई दशक।

लंबे समय तक ऐसा दिखेगा, जैसे कुछ नहीं हो रहा है।

यह हो रहा है!

मैंने धन के बारे में सबसे बड़ा सबक़ यह सीखा है कि यह आपके लिए स्वतंत्रता ख़रीदता है।

और स्वतंत्रता एक विशेषाधिकार है।

बहुत लंबे समय तक मैंने खुद को इस स्वतंत्रता से वंचित रखा।

और आज जब यह मेरे पास है, तो मुझे अपनी उन सारी ग़लतियों का अहसास होता है, जिन्होंने मुझे यह स्वतंत्रता हासिल करने से रोका।

इन ग़लतियों ने आज मुझे समझदार बना दिया है।

मुझे आशा है कि वे आपको आज ही, ज़्यादा जल्दी समझदार बना देंगी!

धन संबंधी 10 आम ग़लतियाँ, जिनसे बचना चाहिए

ग़लती 1

अपने समय को महत्त्व नहीं देना और इसके साथ इस तरह व्यवहार करना, मानो यह मुफ़्त हो।

हम नहीं जानते कि हमारे एक घंटे की लागत कितनी है। हम नहीं जानते कि जब हम दिन में दो घंटे नेटफ़्लिक्स देखते हैं, तो हम सचमुच कितना ख़र्च करते हैं।

हम नहीं जानते कि हमें एक प्रोजेक्ट के लिए कितने पैसे लेने चाहिए।

हम यह नहीं समझते हैं कि हमारा समय किस तरह धन के बराबर है।

ग़लती 2

अपना समय उन चीज़ों पर ख़र्च करना, जिन्हें पैसों में मापना आसान है।

हम 1,000 रुपये बचाने के लिए शहर के दूसरे छोर की यात्रा में आधा दिन बिता देंगे, क्योंकि हम जानते हैं कि हम अंततः इतने रुपये बचा लेंगे।

लेकिन हम अपने वेतन की सौदेबाज़ी की तैयारी के लिए दो घंटे ख़र्च नहीं करेंगे!

ग़लती 3

बहुत ज़्यादा लोन लेना।

हम अपनी भावी आमदनी को बहुत ज़्यादा आँक लेते हैं। इसलिए हमारे पास आज जितने पैसे होते हैं, हम उससे ज़्यादा ख़र्च कर देते हैं।

लोन हमें बाँधते हैं।
वे हमारी ऊर्जा चूस लेते हैं।
वे हमें जोखिम से बचने के लिए प्रेरित करते हैं।
उनकी वजह से हमें ऐसा महसूस होता है, जैसे हम किसी जाल में फँस गए हैं!

ग़लती 4

यह विश्वास करना कि हमारी आमदनी की ऊपरी सीमा है।

हमारी आमदनी की कोई ऊपरी सीमा नहीं है कि हम कितना ज़्यादा कमा सकते हैं।
इसके बजाय, हमारे ख़र्च की सीमा होती है। जीवित और बचे रहने के लिए हमें न्यूनतम ख़र्च करना होता है।

ख़र्च घटाने के बजाय आमदनी बढ़ाने पर ध्यान केंद्रित करें।

ग़लती 5

बाज़ार को समय देना।

बाज़ार बहुत बढ़ा हुआ है। इसे गिरने दो।

बाज़ार बहुत गिर चुका है। यह ख़रीदने का सही समय है।

कोई भी बाज़ार के सर्वोच्च या न्यूनतम स्तर को नहीं जानता है। लंबे समय तक निवेश करने का सबसे अच्छा तरीक़ा नियमित रूप से निवेश करना है। उस वक़्त भाव चाहे जो चल रहा हो।

ग़लती 6

सबकी देखादेखी निवेश करना।

हर व्यक्ति बिटकॉइन में निवेश कर रहा है। मुझे भी करना चाहिए।

हर व्यक्ति बिटकॉइन बेच रहा है। मुझे भी बेचना चाहिए।

हर व्यक्ति आईटीसी के शेयर ख़रीद रहा है। मुझे भी ख़रीदना चाहिए।

हर व्यक्ति आईटीसी के शेयर बेच रहा है। मुझे भी बेचना चाहिए।

हर व्यक्ति आप नहीं हैं!

अपने विश्वासों और शोध में निवेश करें। अपनी क्षमता के अनुरूप निवेश करें।

ग़लती 7

अपना समय ख़र्च करना, लेकिन किसी संपत्ति का स्वामी नहीं होना।

नौकरी में हर व्यक्ति सामान्य से बहुत ज़्यादा दौलत नहीं कमाता है।
क्योंकि हमें पैसे कमाने के लिए अपना समय ख़र्च करना पड़ता है।

दूसरी तरफ़, संपत्तियाँ हमारे सोते समय भी पैसे बनाती हैं।
कंपनी शुरू करें। शेयरों के स्वामी बनें। किराये की आमदनी उत्पन्न करें।

ग़लती 8

देर से निवेश करना।

20 से 30 साल की उम्र मज़े करने के लिए है। 30 के बाद निवेश शुरू करेंगे।
30 से 40 साल की उम्र घर बसाने, परिवार बनाने और इसका आनंद लेने के लिए है। 40 के बाद निवेश शुरू करेंगे।

निवेश शुरू करने का सही समय तब था, जब आप 18 साल के हुए थे।
अगला सर्वश्रेष्ठ समय आज है।

ग़लती 9

अपने धन की तुलना दूसरों से करना।

हममें से ज़्यादातर लोगों के लिए धन परिणाम है। इनपुट नहीं है।

यह हमारे लिए हुए निर्णयों का परिणाम है, वह कारण नहीं है, जिस वजह से हमने निर्णय लिए थे।

उन निर्णयों की तुलना करें, जो लोग पैसे तक पहुँचने के लिए लेते हैं।

परिणाम की तुलना करने से मदद नहीं मिलेगी!

ग़लती 10

धन के पीछे भागना।

धन आपको स्वतंत्रता देता है।

स्वतंत्रता एक विशेषाधिकार है।

लेकिन जिस मिनट हम पैसे के पीछे भागते हैं, हमारी स्वतंत्रता छिन जाती है।

अपनी स्वतंत्रता हासिल करने के लिए धन का इस्तेमाल करें।

धन कमाने के लिए अपनी स्वतंत्रता नहीं छोड़ें।

बोनस

तब जोखिम नहीं लेना, जब आप ले सकते हैं।

20 साल की उम्र में हमारे पास खोने के लिए बहुत कम होता है। और अगर हम खो भी दें, तो हमारे पास उबरने का समय होता है। 30 और 40 के बाद यह समय कम होता जाता है।

इसीलिए हमारे माता-पिता एफ़डी से प्रेम करते हैं।

लेकिन हमें नहीं करना चाहिए।

जीवन में जल्दी ही जोखिम लें।

और अल्पकालीन उतार-चढ़ाव की चिंता नहीं करें।

मैं सोचता हूँ कि काश! धन के बारे में हमारे माता-पिता बातचीत करते या हमारे स्कूल-कॉलेज इसके साथ न्याय करते।

चूँकि ऐसा नहीं होता, इसलिए हमें उन लोगों से सीखना पड़ता है, जिन्होंने ग़लतियाँ की हैं और यह अहसास किया है कि क्या करना है।

या फिर वही ग़लतियाँ खुद करनी होती हैं।

जिन पुस्तकों ने धन को समझने में मेरी काफ़ी मदद की है, वे हैं :

- रिच डैड पुअर डैड
- साइकोलॉजी ऑफ़ मनी
- इंटेलिजेंट इन्वेस्टर

तीन लोगों ने मुझे धन के बारे में बहुत कुछ सिखाया :

- रुचि, मेरी पत्नी
- नवल रविकांत
- मॉर्गन हाउज़ेल

अगर आप यह नहीं जानते कि धन की परवाह कैसे करनी है, तो धन आपसे दूर रहेगा।

–रॉबर्ट कियोसाकी

10. झूठ, जो पैसे के बारे में मुझसे बोले गए

झूठ 1

धन सारी बुराई की जड़ है।

मुझे कम उम्र से ही धन के बारे में सोचने के लिए प्रोत्साहित नहीं किया गया।

यह अनकहा नियम था कि धन महत्त्वपूर्ण है, लेकिन इसके बारे में सोचना बुरा है।

धन झगड़ों, युद्धों और असहमतियों के पीछे का कारण होता है।

अब मैं जानता हूँ कि धन इनका कारण नहीं है। कारण तो यह है कि हम अपने जीवन में इसे कितना महत्त्व देते हैं।

धन निश्चित रूप से विनिमय का साधन है।

जब यह जुनून बन जाता है, तब यह हमें जला देता है।

और यह जीवन में सभी चीज़ों के बारे में सच है!

झूठ 2

उन लोगों से सावधान रहें, जो अमीर हैं।

शुरू से ही यह मान्यता लोकप्रिय रही है कि सिर्फ़ दूसरों का शोषण करके ही आप अमीर बन सकते हैं। निष्ठुर होकर। और क़ानून को अपने पक्ष में तोड़-मरोड़कर।

वही लोग अमीर बनते हैं, जिन्होंने अपनी नैतिकता से समझौता किया है।

अब मैं जान चुका हूँ कि अगर एक अमीर अनैतिक है, तो असंख्य अमीर लोग नैतिक होते हैं, जो धन, लोगों और मूल्यों का सम्मान करते हैं।

हम जान-बूझकर उनके बारे में सुनते या बोलते नहीं हैं। ख़बरें असामान्य को उजागर करती हैं। सामान्य को नहीं।

झूठ 3

पैसे बचाना महत्त्वपूर्ण है।

ज़ाहिर है, बचत करना महत्त्वपूर्ण है। लेकिन हमें कभी पूरी कहानी नहीं बताई गई।

कि निवेश करना ज़्यादा महत्त्वपूर्ण है।

डिमोनेटाइज़ेशन के बाद हमारे माता-पिता का 'बचाया' हुआ सारा पैसा बाहर आ गया। उनकी बचत की क़ाबिलियत के लिए उनकी प्रशंसा की गई।

हमें 'बचत' की जो नीतियाँ सिखाई गई थीं, उनमें से ज़्यादातर धन के मूल्य को नष्ट करती हैं।

आपका धन मुद्रास्फीति को हरा दे, इस तरह से निवेश करने का तरीक़ा हमें कभी सिखाया ही नहीं गया।

झूठ 4

गहने ख़रीदना एक निवेश है।

हम छोटे-छोटे बहाने लेकर गहने ख़रीदते थे। इससे ना सिर्फ़ सामाजिक प्रतिष्ठा बढ़ती थी, बल्कि इसे समझदारी भी माना जाता था, क्योंकि सोने का मूल्य समय के साथ बढ़ता है।

यह एक निवेश था।

अब मैं जानता हूँ कि सोना निवेश है, लेकिन गहने नहीं हैं।

जब हम अपनी इच्छाओं पर अपनी आवश्यकताओं का मुखौटा लगा लेते हैं, तो हमारे ग़लती करने की आशंका बढ़ जाती है।

झूठ 5

मकान ख़रीदना चरम वित्तीय लक्ष्य है।

किराये के मकान में रहना मध्य वर्ग का सबसे बड़ा शाप माना जाता है। और मध्य वर्ग का अपराध भी, जो यह खुद के प्रति करता है।

खुद का घर जिसे हम जितनी जल्दी संभव हो ख़रीद सकें, हमें वह सुरक्षा देता है, जिसके हम हक़दार हैं और वह ओहदा, जो हमारा होना चाहिए।

अब मैं जान गया हूँ कि कम उम्र में मकान ख़रीदने से आप बँध जाते हैं, जिस वजह से यह अफ़सोस से भरा निर्णय हो सकता है।

इसमें संभवतः वित्तीय समझदारी नहीं होती है (गणित करके देख लें)। यह आपको एक निश्चित आकार, निश्चित शहर और निश्चित इलाक़े से बाँध देता है, जिससे बाहर निकलने में आपको हमेशा मुश्किल आएगी।

झूठ *6*

हम जो महँगी चीज़ें ख़रीदते हैं, वे सब संपत्तियाँ हैं।

संपत्ति को परिभाषित करने का तरीक़ा था, 'यह कितनी महँगी है।' जितनी ज़्यादा क़ीमत, उतनी बेहतर संपत्ति।

शुरू में होम एप्लाएंसेस, फिर स्कूटर, फिर कार, फिर मकान।

'संपत्तियाँ' ख़रीदना मध्य वर्ग का जुनून था!

अब मैं जान गया हूँ कि इनमें से ज़्यादातर चीज़ें संपत्तियाँ नहीं हैं। वह मकान भी नहीं, जिसमें हम रहते हैं।

मैंने इतने वर्षों में सिर्फ़ दो संपत्तियाँ बनाई हैं : मेरा नेटवर्क और मेरी सामग्री।

जिनमें से किसी के लिए भी मुझे पैसों में भुगतान नहीं करना पड़ा।

इन्हें मैंने अपना समय देकर ख़रीदा था।

झूठ 7

क़र्ज़ लेना और क्रेडिट कार्ड का इस्तेमाल करना अपने भविष्य में आपके विश्वास का संकेत है।

चूँकि आप खुद पर विश्वास करते हैं, इसलिए आप भविष्य की जगह आज ही ख़र्च कर देते हैं।

कोई बैंक अधिकारी उस लोन का अनुमोदन कर देता है या आपको इसके लिए पात्र घोषित कर देता है, यह इस तथ्य का प्रमाण है।

अब मैं जान गया हूँ।

वित्तीय दृष्टि से स्मार्ट लोग भले ही ख़र्च उठा सकते हों, लेकिन वे पैसे बचाने के लिए लोन लेते हैं।

वित्तीय दृष्टि से कमज़ोर लोग यह जानते हुए भी लोन लेते हैं कि वे इसका ख़र्च नहीं उठा सकते। वे पैसे ख़र्च करने के लिए लोन लेते हैं!

झूठ 8

अमीर बनने के दो तरीक़े हैं - या तो सचमुच लंबे समय तक एक जगह पर काम करते रहें या फिर हर एक-दो साल में नौकरियाँ बदलते रहें!

अमीर बनना या तो आपके प्रॉविडेंट फ़ंड और ग्रैच्युटी

राशि से जुड़ा था या फिर उस 'वेतनवृद्धि' से, जो आपको नौकरी बदलने पर मिलती थी।

अब मैं जान गया हूँ कि आपके वेतन का आपकी दौलत से कोई संबंध नहीं है।

आप किसी नौकरी में कितना कमाते हैं, उससे आपकी नेट वर्थ तय नहीं होती।

आपकी नेट वर्थ तो इस बात से तय होती है कि आपके पास कितनी संपत्ति है, जो आपके सोते समय भी आपको पैसे कमाकर देती है।

झूठ *9*

पैसे बनाने का एकमात्र तरीक़ा शिक्षा हासिल करना है।

आप कॉलेज जाते हैं, नौकरी हासिल करते हैं, बचत शुरू करते हैं, मकान ख़रीदते हैं, अपनी नौकरी में बेहतर प्रदर्शन करते रहते हैं, वेतनवृद्धियाँ हासिल करते रहते हैं।

और आप अमीर बन जाते हैं।

यह मार्ग है।

भविष्यसूचक मार्ग।

एकमात्र मार्ग!

मैं वित्तीय दृष्टि से जिन सबसे समझदार लोगों को जानता हूँ, उनमें से कुछ इसी मार्ग पर चले हैं, लेकिन कुछ ऐसे भी थे, जो किसी भी मार्ग पर नहीं चले।

वे बस संपत्तियाँ बनाते/ख़रीदते रहे - चाहे यह उनकी खुद की कंपनी हो, शेयर हों, बौद्धिक संपदा हो, चाहे साइड बिज़नेस हो, चाहे निवेश हो।

वे जहाँ थे, वहीं नहीं रुके रहे।

झूठ 10

एक बार जब आप अमीर बन जाएँ, तो पैसा उन लोगों को दे दें, जिनके पास यह नहीं है।

धन का दान एक महान काम है।

और जब आपके पास साधन हों, तो आपको दूसरों की मदद करना चाहिए।

यह अच्छा कर्म है, जिससे आपके पास ज़्यादा पैसा आता है और आप ज़्यादा दान देने में सक्षम बनते हैं।

चक्र जारी रहता है।

अब मैं जान गया हूँ कि यह धन नहीं है, जिसकी वजह से लोग अपनी राह बदलते हैं। यह तो अवसर है।

मैं अपना ध्यान दूसरों की मदद करने में ख़र्च करता हूँ,

लेकिन मैं उन्हें पैसे नहीं देता हूँ। इसके बजाय मैं उनके लिए अवसर उत्पन्न करता हूँ।

ताकि कल उन्हें मेरे पैसों की ज़रूरत ही नहीं रहे।

बड़े होना...

बहुत सारे पैसे कमाने का सपना प्रतिबंधित था, धन के निवेश पर कभी विचार नहीं किया जाता था और पैसे ख़र्च करने को हमेशा सामाजिक रूप से वांछित कार्य माना जाता था।

सबसे बुरा यह था कि किसी को पता नहीं था कि वे झूठी बातों पर भरोसा कर रहे हैं।

मेरे माता-पिता, मेरे रिश्तेदार, मेरे नेटवर्क के लोग सचमुच विश्वास करते थे कि ये सारे झूठ सच थे।

उन्होंने सर्वश्रेष्ठ इरादे के साथ मेरा मार्गदर्शन किया और मुझ पर प्रभाव डाला।

बस वे सही नहीं थे।

इसमें बहुत-सी ग़लतियाँ करनी पड़ी, बहुत-सी चीज़ों को दुरुस्त करना पड़ा और बहुत-सा चिंतन-मनन करना पड़ा, तब कहीं जाकर मैं ऐसे बिंदु पर पहुँच पाया, जहाँ मुझे सच्चाई दिखने लगी।

मैं आशा करता हूँ कि आप वहाँ मुझसे पहले पहुँच जाएँ।

खंड 6

संबंध

संबंधों में हम पल्लवित होते हैं।

लेकिन यहीं हममें सबसे ज़्यादा चुनौती मिलती है।

मेरी एक प्रिय पुस्तक *द करेज टु बी डिसलाइक्ड* कहती है कि सारी समस्याएँ आपसी संबंध की समस्याएँ होती हैं।

मैं असहमत नहीं हूँ।

और यह सबसे महत्त्वपूर्ण व्यक्ति के साथ सही संबंध से शुरू होता है : आप।

उम्मीद है कि मेरे इन विचारों से आपको भी उतनी ही मदद मिलेगी, जितनी मुझे मिलती है :

क्या आप खुद के साथ दोस्ती करना चाहेंगे?
क्या आप खुद के साथ शादी करना चाहेंगे?
क्या आप अपने बॉस खुद बनना चाहेंगे?
आप अपना कौन-सा संस्करण नहीं बनना चाहेंगे?

फिर आप उस संस्करण को क्यों बर्दाश्त कर रहे हैं?

आपमें कुछ दोष हैं, जो आप किसी दूसरे में कभी नहीं देखना चाहेंगे।

लेकिन आप उन दोषों के साथ जी रहे हैं।
अगर आप दूसरों में कोई चीज़ स्वीकार नहीं करते हैं, तो आपको इसे खुद में भी स्वीकार नहीं करना चाहिए।

हम दूसरों में जो परिवर्तन देखना चाहते हैं, हमें खुद में वह परिवर्तन करके शुरुआत करनी चाहिए।

हम जिसे अनुमति देते हैं, उसे ही आमंत्रित करते हैं।

आप ना तो अपने माता-पिता को चुन सकते हैं, ना ही उस मनोवैज्ञानिक प्रभाव को चुन सकते हैं, जो वे अंततः आप पर डालते हैं। अगर ज़रूरत पड़े, तो खुद का उपचार करने के लिए तैयार रहें।

जिस एकमात्र चीज़ को हम नहीं चुनते हैं, वह है परिवार, जिसमें हम पैदा होते हैं।

बच्चों के रूप में हम पर जिस एकमात्र चीज़ का अधिकतम प्रभाव पड़ता है, वह है परिवार, जिसमें हम पैदा होते हैं।

यह कुछ लोगों के लिए अच्छी ख़बर हो सकती है। और बाक़ी लोगों के लिए बुरी।

ज़्यादातर लोग इस बुरी ख़बर के साथ जीने का चुनाव करते हैं।

और इसे क़िस्मत कहते हैं।

बहादुर लोग सक्रियता से खुद का उपचार करके उसे बदलने का विकल्प चुनते हैं, जो उनके साथ हुआ था।

कौन-सी चीज़ है, जो आपको साहसिक विकल्प चुनने से रोक रही है?

उपचार करना विकल्प नहीं है। यह तो अनिवार्य है।

किसी के ख़िलाफ़ द्वेष पालने में बहुत मेहनत लगती है।

सोचें कि किसी पर गुस्सा रहने में कितना ज़्यादा समय बरबाद होता है।

किसी ने आपके टुकड़े-टुकड़े कर दिए। लेकिन अब प्रतिशोध की इच्छा में आप खुद अशांत रहने का निर्णय लेते हैं।

जब हम किसी के ख़िलाफ़ द्वेष पालते हैं, तो हम अपने साथ वही चीज़ करते हैं, जो उन्होंने हमारे साथ की थी : हमें चोट पहुँचाना।

उन्होंने हमें एक बार चोट पहुँचाई थी। उस बात को अपने दिमाग़ में दोहराकर हम खुद को 100 गुना चोट पहुँचाते हैं।

इस संसार में हर समस्या का अंतिम कारण ग़लत संवाद है।

सारे संबंध संवाद से फलते-फूलते हैं।

किसी से नाराज़ महसूस कर रहे हैं? क्यों ना बात करें? खुद से नाराज़ महसूस कर रहे हैं? क्यों ना खुद से बात करें?

जब हम जान जाते हैं कि कैसे संवाद करना है और हम संवाद करते हैं, तो समस्या मौजूद रहने वाली समस्याओं से हटकर किए जाने वाले कार्यों तक पहुँच जाती है।

धन्यवाद कहने और कृतज्ञ महसूस करने के बीच बड़ा फ़र्क़ है।

किसी को खुश करने के लिए 'धन्यवाद' कहना। या फिर इसलिए 'धन्यवाद' कहना, क्योंकि आप सचमुच कृतज्ञ थे।

एक ज़िम्मेदारी दिखाता है। दूसरा आभार दिखाता है।

हम जो देने का विकल्प चुनते हैं, उसी से संबंध बनाते हैं।

खुद सीखने के लिए दूसरों को सिखाने से बेहतर कुछ नहीं है।

जब आप कोई चीज़ सीखते हैं, तो आप इसे अपना हिस्सा बना लेते हैं।
जब आप कोई चीज़ सिखाते हैं, तो आप इसे दूसरों का हिस्सा बना देते हैं।

दूसरों को चीज़ें समझाने के लिए आप उन्हें ज़्यादा सरल बनाते हैं।
वहाँ तक नीचे आते हैं, जो आप पहले से जानते हैं।
जिसके ज़रिये आप अपने खुद के ज्ञान की कौंध उत्पन्न करते हैं।

‘आप सही हैं’ से शुरू करना बेहतरीन है।

ज़रूरत नहीं होने पर भी ऐसा सार्वजनिक रूप से करना महानता है!

आपकी दयालुता से आपको दर्द हो सकता है, एक तरह का विश्वासघात, चुभन। फिर भी दयालु बनें।

हर व्यक्ति आपकी दयालुता नहीं लौटाएगा।

कुछ इसके साथ खेलेंगे।

कुछ तो परवाह ही नहीं करेंगे।

कुछ तो मानेंगे भी नहीं।

लेकिन दयालुता करना हमेशा सही चीज़ है।

किसी की मान्यता पाने के लिए नहीं।

अपने खुद के लिए।

क्योंकि अगर आप दयालु नहीं हैं, तो फिर कौन है?

अलोकप्रिय राय :

परानुभूति सिखाई नहीं जा सकती। आप या तो इसके साथ पैदा होते हैं या नहीं होते।

परानुभूति का मतलब है, मैं समझता हूँ कि आप किससे गुज़र रहे हैं।

इतने बरसों तक लोगों से मिलने और बातचीत करने के बाद अब मैं पक्के तौर पर जान चुका हूँ :

परानुभूति या तो आपका आंतरिक गुण होता है या फिर नहीं होता।

कोई भी आपको यह नहीं सिखा सकता कि दूसरों को कैसे समझना है।

कोई भी आपको यह नहीं सिखा सकता कि दूसरों की जगह पर खुद को कैसे रखें।

यह या तो आपमें होता है। या फिर नहीं होता। कोई कार्य-प्रगति-पर जैसी चीज़ नहीं होती।

इस कथन की सच्चाई जानने के बाद आप यह निर्णय लेते हैं कि कौन इस लायक़ है, जिस पर अपना समय ख़र्च किया जाए, कौन आपके जैसा है और किसे इंकार करना है।

सहानुभूति : मैं आपके लिए अफ़सोस महसूस करता हूँ।

परानुभूति : आप जिन परिस्थितियों से गुज़र रहे हैं, मैं समझ सकता हूँ।

सम्मान : आप जिस तरह इसे सँभाल रहे हैं, उसकी मैं प्रशंसा करता हूँ।

सम्मान >> परानुभूति >> सहानुभूति

सहानुभूति करुणा का रूप है।

परानुभूति इससे ऊपर उठना है और मुसीबत झेल रहे व्यक्ति के रूप में सोचना है।

वह जिस दौर से गुज़र रहा है, उससे ऊपर उठना और उन्हें यह बताना सम्मान है कि वे सुंदर काम कर रहे हैं।

कोई व्यक्ति बेकार नहीं होता।

हर व्यक्ति कोई न कोई ऐसी चीज़ जानता है, जो आप नहीं जानते।

जब लोगों के प्रति हमारा यह दृष्टिकोण होता कि वे कुछ नहीं जानते, तो हम कोई नई चीज़ सीखने के सारे द्वार बंद कर लेते हैं।

जब हम अपने अहं का द्वार बंद कर लेते हैं और कोई नई चीज़ सीखने की इच्छा रखते हैं, सिर्फ़ तभी हमें इस बात का अहसास होता है कि हम कितना कुछ नहीं जानते हैं!

हर व्यक्ति के पास कहानियाँ होती हैं।

ऐसी कहानियाँ, जो उनके फ़िल्टर बनाती हैं।

ऐसे फ़िल्टर, जो धब्बे बनाते हैं या साफ़ करते हैं।

और लगभग हर कहानी से ज्ञान मिलता है, जो आपके पास नहीं है।

यह हैरान करने वाला नहीं, बल्कि राहत देने वाला है।

आप ज़्यादा नहीं जानते, यह जानना सर्वश्रेष्ठ ज्ञान है!

कोई जब सच बोलने का जोखिम लेता है और हम उसकी प्रशंसा नहीं करते हैं, तो हम उसे झूठ बोलने के लिए प्रोत्साहित करते हैं।

वह समय याद है, जब आपने बचपन में कोई ग़लत चीज़ कर दी थी?

लेकिन झूठ बोलने के बजाय आपने ज़िम्मेदारी लेने और अपने माता-पिता के सामने इसे स्वीकार करने का निर्णय लिया था?

लेकिन सच बोलने के लिए आपकी प्रशंसा करने के बजाय आपको डाँटा गया था।

यह आपका विश्व दृष्टिकोण बन जाता है। आप सोचते हैं कि संसार इसी तरह काम करता है।

क्या हम अपने आस-पास के लोगों के साथ यही चीज़ कर रहे हैं?

और अवचेतन रूप से उन्हें बता रहे हैं कि सच बोलना साहस का काम नहीं है?

सच डरावना और दाग़नुमा होता है, लेकिन इसे बोलने के लिए साहस की ज़रूरत होती है। और इस पर अडिग रहने की भी।

सच्चा सम्मान वह है, जो आप उन्हें अच्छी तरह जानने के बाद भी करते हैं।

ऑनलाइन रहकर या दूर से किसी का सम्मान करना आसान है। लेकिन यह सम्मान नहीं है। यह तो आसक्ति है।

जब आप किसी को उनके अनुभूत व्यक्तित्व से परे जानते हैं, तब सम्मान करना मुश्किल होता है।

अब वे अभिनय नहीं कर रहे हैं।

अब उनके चेहरे पर नक़ाब नहीं लगा है।

खुले और ख़ाली।

तब आपकी आसक्ति या तो घृणा में बदलती है या फिर सम्मान में।

उन लोगों से दूर भागें, जो खुद से दूर भागने की कोशिश कर रहे हैं।

जो लोग खुद का उपचार नहीं करना चाहते।

जो लोग अपने ज़्यादा गहरे हिस्सों को नहीं जानना चाहते।

जो लोग ठीक नहीं हैं, लेकिन इसे बदलने के लिए कुछ नहीं करते हैं।

जो लोग खुद के साथ मुश्किल बातचीत नहीं करना चाहते।

उन लोगों से दूर भागें, जो खुद की ओर कभी नहीं भागते हैं।

बहस के हर आमंत्रण को स्वीकार नहीं करें!

आपकी शांति का अचूक नुस्ख़ा।

बहस की प्रकृति यह है कि यह ज़्यादा इनपुट पर फलती-फूलती है।

अगर हर बहस में आप सिर्फ़ ख़ामोशी का इनपुट देते हैं, तो शांति स्वाभाविक परिणाम है।

सम्मान पदनाम से नहीं मिलता है।

यह तो व्यवहार से मिलता है।

सम्मान इससे नहीं मिलता है कि आप सीईओ, संस्थापक, लीडर, मैनेजर या वरिष्ठ हैं।
सम्मान तो उससे मिलता है, जो आप करते हैं और जो आप हैं।

और आपको वहाँ पहुँचने के लिए किसी पदनाम की ज़रूरत नहीं है।
आप जो करते हैं, वही आपका पदनाम बन जाता है।
आप दूसरों के साथ जैसा व्यवहार करते हैं, वही आपका बिज़नेस कार्ड होता है।

ऐसे लोग हैं, जो आपको बता देते हैं कि आप ग़लत हैं।

ऐसे लोग हैं, जो यह देखने में आपकी मदद करते हैं कि आप कहाँ ग़लत हैं।

सोचें कि कौन से लोग ज़्यादा महत्त्वपूर्ण हैं?

जो लोग आपको बताते हैं कि आप ग़लत हैं, वे आप पर अपनी मान्यताएँ थोप रहे हैं।

जो लोग यह देखने में आपकी मदद करते हैं कि आप कहाँ ग़लत हैं, वे आपको अपनी मान्यताएँ बनाने के लिए प्रोत्साहित कर रहे हैं।

कुछ थोपते हैं। बाक़ी दिखाते हैं।

कुछ प्रहार करते हैं। बाक़ी आपको ज़्यादा जाग्रत बनाते हैं

कुछ आपको दिखाते हैं कि आप कैसे ग़लत हैं। बाक़ी आपको सिखाते हैं कि सही कैसे होना है।

प्रेम पाने के लिए प्रयास की ज़रूरत होती है।

संतुष्टि महसूस करने के लिए प्रयास की ज़रूरत होती है।

फ़िट होने के लिए प्रयास की ज़रूरत होती है।

ख़ुश रहने के लिए प्रयास की ज़रूरत होती है।

इसीलिए हममें से ज़्यादातर लोगों के जीवन में प्रेम, संतुष्टि, ख़ुशी या फ़िटनेस नहीं है।

...

हम सभी उस प्रेम को स्वीकार करते हैं, जिसके हम खुद को हक़दार मानते हैं।

प्रेम निर्भर होता है।

उन पर नहीं, जो हमसे प्रेम कर रहे हैं।

बल्कि प्रेम की हमारी परिभाषा पर।

और इस पर कि हम खुद से कितना ज़्यादा प्रेम करते हैं।

अगर हम सोचते हैं कि हम प्रेम के लायक़ नहीं हैं, तो हम अवचेतन रूप से इसे ठुकरा देंगे।

अगर हम सचमुच विश्वास करते हैं कि हम प्रेम करने लायक़ हैं, तो हम छोटी से छोटी प्रशंसा को भी शालीनता और सहजता से ग्रहण करेंगे।

जिन लोगों से सबसे ज़्यादा प्रेम किया जाता है, वे वही होते हैं, जिन्हें यह विश्वास होता है कि वे प्रेम करने लायक़ हैं।

अगर हम एक दूसरे को समझते हैं, तो हमें एक-दूसरे के साथ सहमत होने की ज़रूरत नहीं है।

सर्वश्रेष्ठ संबंध हर चीज़ पर सहमत नहीं होते।

सर्वश्रेष्ठ संबंधों में उनकी भिन्नताओं के बावजूद सर्वश्रेष्ठ स्वीकृति होती है।

जब हम संबंधों में सिर्फ़ अपनी ही अपनी चलाना चाहते हैं, तो हम ज़्यादा बड़ी तसवीर को चूक जाते हैं।
जब हम अपनी भिन्नताओं का सम्मान करते हैं, तो हम लोगों से उसके लिए प्रेम करते हैं, जो वे सचमुच हैं।

आप किसके साथ अपना जीवन बिताने का निर्णय लेते हैं।

सबसे बड़े निर्णयों में से एक, जो आप अपने जीवन में लेंगे।

इसे हल्के में नहीं लें।

जिस साझेदार को आप चुनते हैं, वह प्रत्यक्ष या अप्रत्यक्ष रूप से आपके ख़ाली समय, कामकाज, वित्त और सबसे महत्त्वपूर्ण बात, आपकी ख़ुशी को तय करेगा।

यह एक ऐसा निर्णय है, जिसे उलटना दर्दनाक हो सकता है।

यह एक ऐसा निर्णय है, जो लगभग आपके सारे निर्णयों को प्रभावित करेगा।

यह एक ऐसा निर्णय है, जिससे आपको या तो हर सुबह गर्व महसूस होगा या घुटन।

आपके माता-पिता पहले इंसान हैं। फिर माता-पिता हैं।

इसका मतलब है कि वे भी ग़लत हो सकते हैं।

वे भी हानिकारक हो सकते हैं।

वे भी अतार्किक हो सकते हैं।

यह नहीं सोचें कि वे इस सबसे ऊपर हैं।

जब तक आप वित्तीय दृष्टि से अपने माता-पिता पर निर्भर हैं, तब तक आप उनके प्रति जवाबदेह हैं।

माता-पिता के रूप में उनका सम्मान करने के बावजूद अगर आप उनसे स्वतंत्र होना चाहते हैं, तो अपने लिए वित्तीय स्वतंत्रता ख़रीदें।

जब भी कोई कहता है, 'आप कभी नहीं जान पाओगे कि मैं कैसा महसूस कर रहा हूँ,' तो खुद को याद दिलाएँ कि वे आपको जीवन की सबसे बुनियादी सच्चाई बता रहे हैं।

हम कभी नहीं जान सकते!

हम सचमुच कभी नहीं समझ सकते कि सामने वाला किससे गुज़र रहा है।

इससे चोट पहुँच सकती है, ख़ास तौर पर अगर आप उनसे प्रेम करते हैं।

लेकिन सच्चे प्रेम का मतलब कई बार यह समझना होता है कि आप उनकी स्थिति नहीं समझते हैं।

आपके सच्चे मित्र वे हैं, जो आपके सफल होने पर आपके लिए सचमुच ख़ुश होते हैं।

दूसरों के लिए वह सच्चे मित्र बनें।

ज़्यादातर लोग कहते हैं कि सच्चे मित्र वे होते हैं, जो हमारे मुश्किल समय में साथ रहते हैं।

मेरे हिसाब से यह ग़लत है।

कोई भी हमारे मुश्किल समय में हमारी मदद कर सकता है।

हमारे पास तो दरअसल ऐसे मित्र होने चाहिए, जो हमारी उपलब्धियों पर कभी ईर्ष्या नहीं करें, बल्कि उनके लिए जश्न मनाएँ!

लेकिन ऐसे मित्र खोजना दुर्लभ है।

ज़्यादातर या तो प्राइवेट ग्रुप्स में आलोचना करते हैं या कभी सचमुच ख़ुश नहीं होते।

लेकिन हम सभी अपने जीवन में ऐसा मित्र चाहते हैं।

क्यों ना हम खुद ऐसे मित्र बन जाएँ?

आपको जिस चीज़ की सबसे ज़्यादा इच्छा है, जब आप वह देते हैं, तो आपकी इच्छा भी पूरी हो जाती है।

अगर आप इसलिए देते हैं,
क्योंकि आप बदले में कुछ चाहते हैं,
तो यह दान नहीं है।

यह तो आदान–प्रदान है।

अगर आप किसी ऐसे व्यक्ति से दूरी बनाना चाहते हैं, जिससे अब आपका तालमेल नहीं बैठता, तो इसका यह मतलब नहीं है कि आपको उनकी परवाह नहीं है।

इसका तो बस यह मतलब है कि आपका उनके साथ जो रिश्ता है, उससे ज़्यादा परवाह आप खुद के साथ अपने रिश्ते की करते हैं।

हम दिशा बदलते हैं।
कुछ लोग नहीं बदलते।

हम छोड़ना सीख लेते हैं।
कुछ लोग नहीं सीखते।

हम ज़्यादा सकारात्मक बनते हैं।
कुछ लोग नहीं बनते।

अब उनसे ताल्लुक़ नहीं बढ़ाना ठीक है।
भावनात्मक रूप से दूर रहना ठीक है।
अपने विकास का सम्मान करना ठीक है, जब वे उनके विकास का सम्मान नहीं करते हैं।

इसका यह मतलब नहीं है कि आपको परवाह नहीं है।
इसका यह मतलब है कि आप किसी के बारे में तब तक परवाह नहीं कर सकते, जब तक कि आप अपने बारे में परवाह नहीं कर लें।

ऐसे संबंधों से दूर रहें, जो आपके अंदर की ऊर्जा को चूसते हों।

इन संबंधों में लेन-देन नहीं होता है।

वे सिर्फ़ लेते ही लेते रहते हैं। और आपके देने की सीमा होती है।

हम दूसरों के साथ कैसा व्यवहार करते हैं, वह आईने की तरह दिखाता है कि हम अपने साथ कैसा बरताव करते हैं।

यह दुर्लभ, लगभग असंभव है कि कोई ओछा, चालाक, आहत करने वाला, जातिवादी, कट्टर व्यक्ति सचमुच खुद से प्रेम करता हो।

हम लोगों को इसलिए नीचे गिराते हैं, क्योंकि हम कमतर महसूस कर रहे हैं।

हम उनका मज़ाक़ इसलिए उड़ाते हैं, क्योंकि हम खुद का भी सम्मान नहीं करते हैं।

हम दूसरों को चोट पहुँचाने से पहले कुछ नहीं सोचते हैं, क्योंकि हम गहराई से आहत होते हैं।

हो सकता है कि हम इसे स्वीकार नहीं करना चाहें।

जो लोग अंदर से सचमुच छलनी होते हैं, उनमें आंतरिक शांति का अभाव होता है।

लेकिन सचमुच खुश, संतुष्ट और प्रगतिशील लोग कभी दूसरों को उनके बारे में बुरा महसूस नहीं कराते हैं।

आंतरिक संसार बाहरी संसार को चलाता है। बात ख़त्म।

हम उन पाँच लोगों का औसत नहीं होते, जिनके साथ हम सबसे ज़्यादा समय बिताते हैं।

हम तो उन पाँच विचारों का औसत होते हैं, जिनके साथ हम सबसे ज़्यादा समय बिताते हैं।

और यह ज़रूरी नहीं है कि ये विचार हमारे जीवन में लोगों के कारण आएँ।

हमारे विचार उन लोगों से आते हैं, जिन्हें हम सोशल मीडिया, पुस्तकों, पॉडकास्ट्स, किसी दूसरी जगह पर फ़ॉलो करते हैं।

हम अब उन लोगों के साथ नहीं हैं।

हम तो विचारों और पहचानों के साथ हैं।
समझदारी से चुनें।

अपने माता-पिता से सीखे सबक़

पापा सेल्स रिप्रज़ेन्टेटिव के रूप में एक नई कंपनी में शामिल हुए। एक साल के भीतर उन्हें दूसरी कंपनी ने बुलाया। दोगुना वेतन और कार। यह 1985 की बात थी। बड़ी बात।

उन्होंने यह पेशकश स्वीकार कर ली।

दो साल बाद कंपनी बंद हो गई।
जिस कंपनी को उन्होंने छोड़ा था - रैनबैक्सी - वह दिग्गज कंपनी बन गई।

डैडी एक साल तक बेरोज़गार रहे...

मुझे याद है कि हम परिवार के रूप में बैठकर बॉलपेन की रिफ़िल भरते थे, क्योंकि हर 100 पेन भरने पर उन्हें पैसे मिलते थे।
मुझे वे दिन याद हैं, जब माँ और पापा को दिन में सिर्फ़ एक बार ही खाना नसीब होता था।

लेकिन मेरी बहन और मैं सबसे अच्छे स्कूलों में गए।

हम जानते थे कि हमारे पास पैसे नहीं हैं, लेकिन हमें यह बात कभी महसूस नहीं कराई गई।

पापा ने जोखिम लिया। और यह कारगर नहीं हुआ।

वे इससे कभी नहीं उबर पाए।

लेकिन अगर उन्हें दोबारा यह करना होता, तो वे वही जोखिम दोबारा लेते।

सबक़ :

जोखिम और असफलता मानसिक अवस्थाएँ हैं।

कभी किसी तरह का डर नहीं होना चाहिए।

और कोई अफ़सोस भी नहीं होना चाहिए।

माँ सबसे ज़्यादा परानुभूति रखने वाली इंसान थीं।

उनकी संवेदनशीलता ही उनकी ज़बर्दस्त शक्ति थी, क्योंकि उनके पास यह हुनर था कि वे समझ जाती थीं कि सामने वाला व्यक्ति कैसा महसूस कर रहा होगा।

जब भी मेरे दिमाग़ में कोई दुविधा होती थी या मैं किसी पर नाराज़ होता था, तो वे हमेशा कहती थीं, 'वो क्या सोच रहे होंगे?'

सबक़ :

'मैं कैसा महसूस कर रहा हूँ?' यह पूछना महत्त्वपूर्ण है, लेकिन यह पूछना भी उतना ही महत्त्वपूर्ण है, 'वे क्या सोच रहे होंगे?'

पापा पेशेवर जीवन में संघर्ष करते रहे। उनके जोखिम कामयाब नहीं हुए, हम लगातार क़र्ज़ में रहे और हम बेहद मुश्किल आर्थिक दौर से गुज़रे।

लेकिन एक चीज़ कभी नहीं बदली - वे कड़ी मेहनत करते रहे।

मैं हमेशा हैरान होता था। हमेशा सोचता था कि कौन-सी चीज़ उन्हें प्रेरित करती है।

सबक़ :

जीवन में हर दिन मेहनत करने से ज़्यादा मायने कुछ नहीं रखता।

काम करने के लिए, ज़िम्मेदारियाँ लेने के लिए, संबंधों को पोषण देने के लिए।

जब भी मैं कोई पुरस्कार जीतता था या कोई प्रशंसनीय चीज़ करता था, तो ज़ाहिर है, माँ खुश होती थीं, लेकिन वे तुरंत अपना प्रिय आशीर्वाद दे देती थीं,

'भगवान तुम्हें हमेशा ज़मीन पर रखे।'

सबक़ :

कभी नहीं भूलें कि आप कहाँ से आए हैं।

चाहे यह पारिवारिक समारोह हो, विवाह का समारोह हो या सामान्य डिनर भी क्यों ना हो, पापा हमेशा कश्मीरी गीतों की अपनी पुस्तक हाथ में रखते थे।

इस उम्मीद में कि कोई उनसे गाने को कहेगा।

वे मानते हैं कि वे अच्छा गाते हैं (और वे सचमुच अच्छा गाते हैं)।

इसलिए वे यह नहीं समझ पाते थे कि लोग उनसे गाने को क्यों नहीं कहते।

सबक़ :

अगर आपको खुद पर विश्वास नहीं है, तो कोई दूसरा भी नहीं करेगा।

मैं अपनी पीएचडी अधूरी छोड़कर भारत लौट आया। मेरे पास कोई योजनाएँ नहीं थीं, कोई लक्ष्य नहीं थे, कोई दिशा नहीं थी, कोई धन नहीं था। माँ और पापा ज़्यादा खुश नहीं थे, लेकिन उन्हें इस बात का श्रेय दूँगा कि उन्होंने अपने दुख को छिपाने की पूरी कोशिश की।

मुझे अब भी याद है कि एक दिन जब मैं ब्रश कर रहा था, तो माँ ने मेरे पास आकर दबे स्वर में कहा था,

'क्या तुम आईएएस की परीक्षा देने के बारे में सोचोगे? मुझे लगता है, तुम अच्छे आईएएस अफ़सर बन सकते हो।'

यह एक आग्रह था।

जिस पर मैं विचार करूँ।

मैंने विनम्रता से इंकार कर दिया, लेकिन मुझे अहसास हुआ कि मैं कितना खुशक़िस्मत था कि मेरे माता-पिता ऐसे थे, जो अपने बच्चों से विचार करने का 'आग्रह' करते थे।

सबक़ :

सम्मान पदवी, उम्र या अनुभव से नहीं आता है।

यह व्यवहार से आता है।

असंख्य बार पापा ऐसी स्थिति में क़दम रखते थे, जब हर दूसरी चीज़ असफल हो जाती थी और वे संकटमोचन की भूमिका निभाकर कामयाब हो जाते थे।

चाहे यह इतना छोटा मामला हो, जैसे 'शादी के मेहमान आ गए हैं और खाना अब तक तैयार नहीं हुआ है' या इतने महत्त्वपूर्ण हों, जैसे 'हम उसके अमेरिका के टिकट के लिए पैसों की व्यवस्था कहाँ से करेंगे?'

सबक़ :

जब हर दूसरा व्यक्ति नाकाम हो जाता है, तब भी आप रहते हैं।

माँ हमेशा पूर्णता की आग्रही रही हैं। लेकिन इसके बारे में उनकी एक बहुत रोचक और प्रेरक परिभाषा है।

पूर्णता तब होती है, जब आप किसी चीज़ को इतनी कुशलता से करते हैं कि लोग हैरान हो जाएँ कि आपने इसे कैसे किया।

लेकिन आपके लिए, यह कोई बड़ी बात नहीं थी।
यह एक आदत है।
यह स्वाभाविक है।

सबक़ :

पूर्णता व्यक्तिगत होती है।
इससे दूसरे हैरान रह जाते हैं।
लेकिन आपके लिए तो यह वह एकमात्र तरीक़ा है, जिसे आप जानते हैं।

माँ और पापा दोनों श्रीनगर से आए थे, जहाँ वे कम सुख-सुविधाओं में बड़े हुए थे।

वे शीर्षस्थ स्कूल में नहीं पढ़े थे।

उनके पास कोई ऐसी चीज़ नहीं थी, जो उनके जीवन की दिशा को निश्चित कर दे।

उन्होंने बस मेहनत करके अपना रास्ता बनाया। उनकी पीढ़ी के ज़्यादातर लोगों की तरह।

और मैं अक्सर यह अहसास करके रोने लगता हूँ कि उन्होंने यह सुनिश्चित करने के लिए कितने कष्ट झेले होंगे कि मेरी बहन और मुझे वह सर्वश्रेष्ठ मिल जाए, जो हमें मिल सकता था।

हम अच्छे स्कूलों में गए, हमें अपना जीवन अपने हिसाब से जीने की स्वतंत्रता दी गई, हमसे हमेशा प्रेम किया गया और हमेशा हमारी परवाह की गई।

और मुझे विश्वास है कि हम आज जो हैं, उसमें से ज़्यादातर का श्रेय उनकी परवरिश को जाता है।

हम पैसों के बिना रहे, अक्सर बहुत मुश्किल परिस्थितियों में, लेकिन हमने हमेशा सुनिश्चित किया कि हमारा समय अच्छी तरह गुज़रे।

हम चारों अपने बजाज स्कूटर पर बैठकर इंडिया गेट जाते थे, बैग में मटर पुलाव से भरा प्रेशर कुकर रखा होता था, दरी, प्लेटें और परोसने के बर्तन भी।

और शाम को अंत में क्वालिटी की 5 रुपये की आइसक्रीम।

मुझे लगता है कि यहीं से मेरे अंदर खुशी का पीछा करने का साहस आया।

मैं जानता था कि पैसे के बिना जीवन कैसा होता है।

लेकिन मैं नहीं जानता था कि खुशी के बिना जीवन कैसा होता है।

आज मेरा मुख्य लक्ष्य अपने माता-पिता को उनकी ज़रूरत के सारे पैसे देना है।

जिससे वे जो चाहे, वह कर सकते हैं।
वे पहले से जानते हैं कि खुश रहना कैसा होता है।

हमारी संतानों को पत्र, जो मैंने कभी नहीं लिखे, लेकिन मुझे लिखने चाहिए थे...

प्रिय विदुर,

जब तुम कार्टून देखते समय किसी अन्यायपूर्ण चीज़ पर रोते हो, तो मैं आशा और प्रार्थना करता हूँ कि तुम इस अहसास को कभी नहीं भूलो। मुझे उम्मीद है कि अन्यायपूर्ण चीज़ की तुम्हारी परिभाषा इतनी ही साफ़ बनी रहेगी।

प्रेम

प्रिय उज़्मा

मैं नहीं सोचता था कि हमें तुम्हारी ज़रूरत है। मैं चिंतित था कि कहीं तुम लड़का नहीं हो (दो लड़के - ओह नहीं!)। मैं चिंतित था कि मेरे पास तुम्हारे लिए समय नहीं रहेगा।

लेकिन मुझे बहुत खुशी है कि तुम हमारे संसार में आईं।

तुमने मुझे परिपूर्ण कर दिया।

प्यार

प्रिय विदुर

याद है जब तुम पाँच साल के थे, तो तुम कितनी शिद्दत से साइकल चाहते थे और हम इसका ख़र्च नहीं उठा सकते थे। हमने किसी तरह व्यवस्था कर दी। जब तुमने इसे देखा, तो तुम रो पड़े थे।

इसलिए जब हमने तुमसे पूछा, 'वह सबसे अच्छा उपहार क्या है, जो हमने तुम्हें दिया?' तो हमें उम्मीद थी कि तुम उसी साइकल का ज़िक्र करोगे।

लेकिन तुमने कहा, 'उज़्मा।'

तुम बहुत मूल्यवान हो!

प्यार

प्रिय उज़्मा

हर बार जब तुम दर्पण के सामने खड़े होकर गाती और नाचती हो, जैसे तुम्हें किसी चीज़ की परवाह नहीं है, तो तुम मुझे याद दिलाती हो कि जीवन कितना अद्भुत है।

स्वीकारोक्ति।

अब मैं भी आईने के सामने खड़े होकर यही करता हूँ।

प्यार

प्रिय विदुर

हम तुम्हें सोने के लिए मजबूर कर रहे थे, जबकि तुम खिड़की के सामने खड़े होकर बारिश की बूँदों को खुद पर गिरते महसूस करना चाहते थे।

इसलिए तुमने सोने जाने का नाटक किया।

और हमारे जाने के बाद तुम खिड़की तक गए और बारिश की बूँदें खुद पर गिरते हुए महसूस कीं।

तुमने सही चीज़ की।

प्यार

प्रिय उज़्मा

तुम्हारे नाम का उर्दू में मतलब है सबसे महान।
कोई दबाव नहीं!

प्यार

प्रिय विदुर

हिंदी में तुम्हारे नाम का मतलब है बुद्धिमान व्यक्ति।
कोई दबाव नहीं!

प्यार

प्रिय उज़्मा

तुम्हारे लिए दिन का एक बड़ा काम उन कपड़ों को चुनना है, जो तुम पहनने वाली हो। तुम इसमें पूरा दिल, दिमाग़ और आत्मा लगा देती हो, जैसे तुम्हारा जीवन इस पर निर्भर हो। और एक बार जब यह हो जाता है, तो तुम हमेशा गर्व महसूस करती हो कि तुमने यह काम कर दिया।

इसी तरह जियो। हमेशा!

प्यार

प्रिय विदुर

मुझे बहुत अच्छा लगता है कि जब एमेज़ॉन के पैकेज आते हैं, तो तुम कितने रोमांचित हो जाते हो। यह तुम्हारे खेलने के लिए एक और कार्डबोर्ड बॉक्स है। रोबोट, किचन सेट्स, गेमिंग आरकेड्स।

तुम चीज़ों को देखते हो।

और मुझे आशा है तथा मैं प्रार्थना करता हूँ कि तुम हमेशा ऐसा ही करते रहो।

प्यार

प्रिय उज़्मा

दिन का सबसे अच्छा हिस्सा वह है, जब हम तुम्हारे खिलौनों को समेटते हैं।

तुम इसकी प्रतीक्षा करती हो। कचरे को साफ़ करना। अराजकता को सही करना। चीज़ों को वापस रखना। अपना 'नाइटसूट' पहनने से पहले।

इसी तरह हमेशा करो। यह तुम्हारा फैलाया कचरा है। इसे तुम ही सही करो। और ऐसा करते समय ख़ुश महसूस करो।

प्यार

प्रिय विदुर

तुम्हें उज़्मा को चिढ़ाना बहुत पसंद है। तुम उसे डराते हो, चिल्लाते हो, डाँटते हो। यहाँ तक कि कई दफ़ा मारते भी हो।

लेकिन फिर तुम सॉरी बोल देते हो। अगर वह रो देती है, तो तुम भी रोने लगते हो। तुम सांत्वना देने के लिए उसे पुस्तकें पढ़कर सुनाते हो।

तुममें यह देखने की प्रतिभा है कि कब लोग तुम्हारे किए काम को पसंद करते हैं और कब नहीं करते।

इसे मत बदलना।

प्यार

प्रिय उज़्मा

तुम वयस्कों की तरह बोलती हो।

तुम क्या पसंद करती हो, तुम क्या पसंद नहीं करतीं। तुम क्या चाहती हो और क्या नहीं चाहतीं। किस चीज़ से तुम्हें ख़ुशी मिलती है और किससे नहीं मिलती।

तुम खुद को बहुत अच्छी तरह जानती हो।

यह एक प्रतिभा है। हमेशा इस पर काम करो।

प्यार

प्रिय विदुर

संसार सफलता और असफलता की अपनी परिभाषा तुम पर थोपता रहेगा। हम भी इसके दोषी हैं।

आगे बढ़कर सफलता और असफलता की परिभाषा को उसी तरह तय करो, जैसा तुम चाहो।

अपना खुद का जीवन जियो।

किसी दूसरे का नहीं।

बड़ा सोचें, बड़ा करें

प्यार

प्रिय उज़्मा

संसार सफलता और असफलता की अपनी परिभाषा तुम पर थोपता रहेगा। हम भी इसके दोषी हैं।

आगे बढ़कर सफलता और असफलता की परिभाषा को उसी तरह तय करो, जैसा तुम चाहो।

अपना खुद का जीवन जियो।

किसी दूसरे का नहीं।

प्यार

प्रिय विदुर

हर बार जब तुम मुझसे कहते हो कि हम सड़क के बच्चों को बिस्कुट/आइसक्रीम/पैसे दें, क्योंकि उनके पास हमारे जितने साधन नहीं हैं, तो तुम मुझे याद दिलाते हो कि हम जो हैं, वह बनने से पहले हम सब कैसे थे।

कृपया वह मत बनना, जो हम हैं।

प्यार

प्रिय उज़्मा

तुम पढ़ नहीं सकती हो, लेकिन जब तुम खुद को पुस्तकें पढ़कर सुनाती हो, तो तुम्हें उतना ही आनंद आता है, जितना तुम्हें तब आता, अगर हम इसे पढ़कर सुनाते।

कई बार तो उससे भी ज़्यादा।

तुम्हारे दिमाग़ के अंदर की कहानी सबसे महत्त्वपूर्ण कहानी है। यह बात हमेशा याद रखना।

प्यार

प्रिय विदुर

तुम पहले सैनिक बनना चाहते थे। फिर चौकीदार। फिर रोबोट। फिर चित्रकार।

तुम जानते हो? मैं सचमुच चाहता हूँ कि तुम ये सब बन जाओ और इससे भी ज़्यादा। हम अपने जीवन में सिर्फ़ एक ही चीज़ क्यों बनें? हमारे पास एक ही जीवन है!

प्यार

प्रिय उज़्मा

तुम विदुर को दादा कहती हो। इसका मतलब बांग्ला में भाई और हिंदी में दादाजी होता है।

लेकिन तुम्हें यह अब तक नहीं पता।

जब तुम्हें पता लगे, तो भी इसे मत बदलना, क्योंकि यह सही नहीं लगता। इसे बनाए रखना, क्योंकि तुम यहीं से आई हो।

कभी मत भूलना कि तुम कहाँ से आई हो।

प्यार

प्रिय विदुर

तुम्हारी माँ और मैं पैसों के बिना बड़े हुए थे।
लेकिन तुम एयरकंडीशन्ड स्कूल में जाते हो।
हमारा काम तुम्हें लगातार इस सौभाग्य की याद दिलाना है।

तुमने इसे अर्जित नहीं किया है।
तुम्हें इसका उपहार मिला है।

इस पर कभी गर्व मत करना। इसके लिए कृतज्ञ होना।

प्यार

प्रिय उज़्मा

इस बारे में कोई ख़ास चीज़ है कि जब भी दादा तुम्हारा प्रिय गीत लगाता है, तो तुम अलेक्सा के साथ गाने लगती हो।

तुम नाटक करती हो कि तुम रॉकस्टार हो।

तुम्हें बताऊँ?

तुम हो!

तुम वही हो, जो तुम सोचती हो कि तुम हो।

प्यार

प्रिय विदुर

तुम्हारी दयालुता, तुम्हारा सम्मानजनक स्वभाव, तुम्हारा खुशनुमा मिज़ाज और किसी चीज़ में खुद को डुबा देने की तुम्हारी योग्यता मूल्यवान है।
हमें तुम पर बहुत गर्व है, मेरी जान।

इसे मत बदलना!

प्यार

प्रिय उज़्मा

तुम्हारी ऊर्जा, नखरे, तुम्हारा खुशनुमा स्वभाव हमारे जीवन में ढेर सारी खुशी लाता है। मैं नहीं सोचता कि हम किसी बच्चे से इतने प्रेम का अनुभव कर सकते हैं, जितना तुमने हमें महसूस कराया है।
तुम हमें ढेर सारी खुशी देती हो, मेरी जान।
हमेशा खुश रहना।

प्यार

उपसंहार

मुझे जीवन में बहुत-सी असफलताएँ मिलीं। मैं उनके बारे में अक्सर बात करता हूँ। आपने इस पुस्तक में उनमें से कई के बारे में पढ़ लिया है।

लेकिन हाल-फ़िलहाल मैं आपसे उस बारे में बात करना चाहता हूँ, जो असफलता की श्रेणी में नहीं आता है : समय के साथ मेरा संबंध।

बचपन से ही मैं समय का हिसाब रखता था।

मैं स्कूल में नोटबुक में सटीकता से लिखता था कि मैं दिन में हर घंटे क्या करता हूँ। बाद में मैं यह काम एक्सेल में करने लगा और आज मैं एप्स का इस्तेमाल करता हूँ।

समय एक ऐसी चीज़ है, जिसकी मैं बहुत खूँख़ार तरीक़े से रक्षा करता हूँ।

मेरे जीवन की हर चीज़ मेरे कैलेंडर में लिखी होती है।

मेरे व्यायाम।

मेरे वीडियो शूट।

जन्मदिन और वर्षगाँठ।

बिल, बीमा नवीनीकरण।

मैं अपने ख़ाली समय को भी शेड्यूल करता हूँ।

ज़्यादातर लोग सोचते हैं कि यह तो क़ैद है। लेकिन मेरे लिए यह स्वतंत्रता है।

क्योंकि इससे मैं वह ज़्यादा बन सकता हूँ, जो मैं हूँ।

लेकिन मैं इस बारे में पुस्तक के अंत में बात क्यों कर रहा हूँ?

क्योंकि चाहे आपको कितनी भी असफलताएँ मिली हों, चाहे आपने कितनी भी निराशाएँ झेली हों, या कितने ही अप्रत्याशित तूफ़ानों का सामना किया हो - हमेशा आपका एक हिस्सा रहता है, जो तंबू के बाँस की तरह जीवन के हर क्षेत्र में आपकी मदद करता है।

मेरे लिए यह समय के साथ मेरा संबंध है।

मैं जिन चीज़ों के लिए समय निर्धारित करता हूँ, वे ऐसी चीज़ें हैं, जिन्हें मैं अपने जीवन में प्राथमिकता देता हूँ।

मैं उन्हें बार-बार करता हूं, क्योंकि मैंने खुद से ऐसा करने का वादा किया है।

और समय के साथ वे आदतें बन जाती हैं।

आदतों ने मुझे सबसे बड़ी असफलताओं से बाहर निकाला है और ऐसे अवसर उत्पन्न किए हैं, जिनकी मैं कभी कल्पना भी नहीं कर सकता था।

हालाँकि यह पूरी पुस्तक आपको अज्ञान के बजाय जागरूकता के दृष्टिकोण से विकल्प चुनने का मार्गदर्शन देने के लिए है, लेकिन यह आख़िरी चीज़ है, जिसकी ओर

मैं आपको ले जाना चाहता हूँ : कि आपके सिवाय कोई इसके बारे में जागरूक नहीं होगा।

आपकी महाशक्ति क्या है?

समय मेरी महाशक्ति है।

और आपकी?

मैं आपके जोश का अनुसरण करने या आपकी पसंद का करियर खोजने के बारे में बात नहीं कर रहा हूँ।

मैं तो उस चीज़ के बारे में बात कर रहा हूँ, जो आपको हमेशा चलाती रहती है, जब कोई चीज़ सही तरीक़े से नहीं होती है।

यह आपका अनवरत अनुशासन हो सकता है।

यह आपका समर्पण और निष्ठा हो सकती है।

यह जीवन के प्रति आपकी सरल नीति हो सकती है।

यह विवरण के प्रति आपका ध्यान भी हो सकता है।

आपका दोस्ताना स्वभाव हो सकता है।

या आपका खिलंदड़पन।

या आपका विद्रोही स्वभाव भी, जिसने आपके लिए चमत्कार किए हैं।

आपमें पहले से ही वह महाशक्ति है।

जब आप बाहर संसार में जाकर अपना बड़ा काम करते हैं, तो मेरा सुझाव है कि आप इस ढाल को अपने साथ ज़रूर ले जाएँ। आप कभी पराजित होकर घर नहीं लौटेंगे।

क्योंकि जो शक्तिशाली चीज़ें हमारे भीतर होती हैं, उन्हें नज़रअंदाज़ करना अक्सर सबसे ज़्यादा आसान होता है।

अंकुर वारिकू। विदा!

आभार

यह पुस्तक उधार लिए गए विचारों और प्रेरणा का ज़बर्दस्त उदाहरण है। मैंने आपको जो बताया है, उसमें से कुछ भी संभव नहीं होता, अगर कुछ लोगों ने अपने विश्व दृष्टिकोण, प्रोत्साहन और दयालुतापूर्ण शब्दों से मेरी मदद नहीं की होती।

मैं चिकी से शुरू करना चाहूँगा, जो 2014 में मुझसे पहली बार मिली और बोली, 'आपमें बहुत-सी पुस्तकें हैं।' उसने मुझमें छिपे लेखक को मुझसे बहुत पहले पहचान लिया था। तुम्हारे विश्वास के लिए तुम्हें धन्यवाद, चिकी।

जगरनॉट की टीम को, जिसने मेरे अंतहीन संपादन के बावजूद धैर्य क़ायम रखा।

निष्ठा को, जो वारिक्रू के लिए कंटेंट का नेतृत्व करती है और सच कहूँ, तो उसी के कारण यह पुस्तक आ पाई। उसने बरसों की सामग्री को पढ़ा, छाँटकर शक्तिशाली मोती निकाले और फिर उन सबको एक सूत्र में पिरोया।

पूरी वारिक्रू टीम को, जिसने मुझे उस पर गर्व कराया, जो हम कर रहे हैं और जैसे हम कर रहे हैं। आप सभी आसमान में उड़ान भरने में मेरी मदद करते हो!

हाई स्कूल की मेरी क्लास टीचर सेसिलिया मैडम को, जिन्होंने मुझे दिखाया कि एक अच्छा टीचर हमेशा जीवन बदल सकता है।

कुणाल, मुकेश, मिश्रा को स्कूल को ऐसी चीज़ बनाने के लिए, जिसे मैं हमेशा सँजोकर रखूँगा और कभी नहीं भूलना चाहूँगा।

समीर, मोदी, गस्टी, निशांत, कोर्डे, विनीत - जिन्होंने मेरे अमेरिका प्रवास को यादगार बनाया। उन दो वर्षों ने मुझे इस तरह आकार दिया, जिस तरह किसी चीज़ ने नहीं किया था और आप लोग इसका बड़ा हिस्सा थे।

2006 के आईएसबी बैच को - आप सभी मुझे प्रेरित करते हैं। यह मनमोहक है कि बैच में हर व्यक्ति ने इतने वर्षों में सफलता की अपनी खुद की परिभाषा को अद्भुत रूप से चुना है, जिसके ज़रिये उन्होंने दूसरों को उनकी परिभाषा तय करने में मदद की है।

अक्षत, अंशुमान, शिंटू - कियर्नी के मेरे सहकर्मी, जिन्होंने मुझे तब सिखाया, जब मैं कुछ नहीं जानता था, मेरी ग़लतियों के बावजूद धैर्य रखा और प्रोत्साहित करने वाले मित्र बने रहे।

पाहवा को, मुझे मेरा पहला उद्यमी अवसर देने के लिए। मैं उस अवसर के लिए हमेशा-हमेशा कृतज्ञ रहूँगा।

ओली को, मुझे एक साल में उद्यमिता के बारे में इतना सिखाने के लिए, जितना मैं एक दशक में भी किसी दूसरी जगह नहीं सीख सकता था।

मोहित को, हममें विश्वास करने के लिए, जब कोई दूसरा हम पर विश्वास नहीं करता था। और हमारा समर्थन करने के लिए, जब कोई भी तैयार नहीं था।

ग्रुपऑन और नियरबाई में काम करने वाले हर व्यक्ति को - उन नौ वर्षों ने लीडर, ऑपरेटर और इंसान के रूप में मुझे ढाला। मैं हमेशा कृतज्ञ रहूँगा और प्रेम से याद करता रहूँगा कि आपने कितनी प्यारी संस्था को आकार देने में मेरी मदद की।

रवि और स्नेहेश को, सर्वश्रेष्ठ सह-संस्थापक होने के लिए। मेरी अपूर्णताओं के बावजूद मुझ पर भरोसा करने के लिए और ज़रूरत पड़ने पर मेरी ग़लतियाँ बताने के लिए।

बैनो, सुप्रिया, पीके, मितू, शिप्रा, अनूप, रोहित, अपूर्वा, कमल, श्यामला, मीरा, वेंकी को अद्‌भुत दोस्त बनने के लिए।

बब्स, सिंगला, बाली, चिश्ती को वे मित्र बनने के लिए, जिनकी मुझे जीवन में ज़रूरत है। आप कभी मुझे खुद को गंभीरता से नहीं लेने देते हो, आप मेरी मदद करते हो, मुझे सलाह देते हो और मेरे ख़राब चुटकुलों को भी झेलते रहते हो!

राधिका को, ऐसी बहन होने के लिए, जिसके साथ बड़े होने में मुझे बहुत मज़ा आया। उसे अच्छा प्रदर्शन

करते देखना और उसके सपनों का अनुसरण करते देखना - ऐसा महसूस होता है, जैसे वह मेरी सर्वश्रेष्ठ विद्यार्थी है।

रुचि के पूरे परिवार को मेरा स्वागत करने के लिए; गौतम को हमारे परिवार का अद्‌भुत रूप से हिस्सा बनने के लिए।

माँ और पापा को, मुझे वे जीवनमूल्य सिखाने के लिए, जो हर उस चीज़ की बुनियाद हैं, जो मैं जानता हूँ। आप अविश्वसनीय रूप से धैर्यवान रहे हैं और जीवन में मेरे सनकी विचारों में भी आपने समर्थन दिया है। मुझे उम्मीद है कि मैं भी विदुर और उज़्मा के प्रति ऐसा ही अभिभावक बनूँगा।

विदुर और उज़्मा को, मेरे जीवन में ऐसा अर्थ जोड़ने के लिए, जिसकी मैं कभी कल्पना भी नहीं कर सकता था। मैं तुम्हारी ख़ातिर जीता हूँ।

और अंत में, रुचि को, जिसके बिना मैं कुछ भी नहीं हूँ। हम अब 21 सालों से एक साथ रह रहे हैं। हम एक तरह से एक साथ बड़े हुए हैं।

मैं जानता हूँ कि मैं जो हूँ, उसका एक बड़ा हिस्सा इसलिए है, क्योंकि तुमने मुझमें हमेशा सर्वश्रेष्ठ देखा। मेरे जीवन में रहने के लिए धन्यवाद। मैं तुमसे प्रेम करता हूँ।

अनुवादक के बारे में

डॉ. सुधीर दीक्षित *टाइम मैनेजमेंट* सहित सात लोकप्रिय पुस्तकों के लेखक हैं, जिनमें से कुछ के मराठी व गुजराती भाषाओं में अनुवाद हो चुके हैं। उन्होंने जे.के. रोलिंग की हैरी पॉटर सीरीज़ सहित 150 से भी अधिक अंतरराष्ट्रीय बेस्टसेलर्स का हिंदी अनुवाद भी किया है। पाठक sdixit123@gmail.com पर अनुवादक से संपर्क कर सकते हैं।